Langenscheidt

An Exciting Cruise – Eine abenteuerliche Kreuzfahrt

von Petra A. Bauer

Langenscheidt

Lektorat: Marion Schweizer
Englischsprachiges Lektorat: Charlotte Collins
Illustrationen: Anette Kannenberg
Umschlaggestaltung: init.büro für gestaltung, Bielefeld

Für Philipp und Julia

Petra A. Bauer (geb. 1964) lebt mit ihrem Mann, den gemeinsamen vier Kindern, Katze und Meerschweinchen am nördlichen grünen Ende ihrer Geburtsstadt Berlin. Nach einem beruflichen Irrweg als Dipl.- Ing. für Stadt- und Regionalplanung besann sie sich auf ihre eigentliche Stärke und veröffentlicht seit 2004 Kinder- und Jugendbücher, Familienratgeber sowie Krimis für Erwachsene. Was sie täglich treibt, kann man in ihrem Blog unter http://www.autorenblog.writingwoman.de beobachten.

Weitere Infos gibt es hier:
http://www.writingwoman.de
Kontakt: petra.bauer@gmail.com

www.krimis-fuer-kids.de
www.langenscheidt.com

3. Auflage 2022

Satz: Franzis print & media GmbH, München
Druck: Multiprint GmbH

ISBN 978-3-12-563429-9

Inhalt

Warum denn zweisprachig?

Vielleicht haben Sie sich gefragt, warum Langenscheidt zweisprachige Lektüren für Kinder anbietet? Schließlich vertreten doch Pädagogen die Meinung, dass Schüler beim einsprachigen Unterricht am meisten lernen.

Was für den Schulunterricht richtig ist, gilt nicht unbedingt für Lektüren. Stellen Sie sich einmal vor, Ihr Kind lernt erst seit zwei oder drei Jahren Englisch und soll einen rein englischen Text lesen: Ein einfacher Text wird inhaltlich für Ihr Kind eher langweilig sein, weil man mit wenigen Vokabeln eben noch keine spannende Geschichte erzählen kann. Interessante Texte hingegen sind oft vom Vokabular und der Grammatik zu schwierig, sodass Ihr Kind nicht mitkommt.

Um Englisch für Ihr Kind leichter und spannender zu machen, sind unsere Lektüren daher zweisprachig.

Hauptfiguren unserer Lektüren sind immer deutsche Kinder, die aus einem bestimmten Grund mit der englischen Sprache konfrontiert werden, sie im Zusammenhang mit ihren Erlebnissen lernen und dabei durchaus auch Schwierigkeiten haben.

Die altersgerechte, fesselnde Handlung wird – aus der Perspektive der Hauptfiguren – auf Deutsch erzählt. Wenn diese sich aber mit englischen Kindern unterhalten, müssen sie natürlich Englisch sprechen. Die Dialoge sind daher auf Englisch.

Durch die Zweisprachigkeit wird Ihr Kind auf seinem Niveau abgeholt. Die Erfolgserlebnisse steigern die Motivation, wodurch wiederum das Lernen der neuen Wörter und Wendungen erleichtert wird.

Von all diesen Überlegungen bekommt Ihr Kind aber nichts mit. Es liest die Lektüre einfach mit Spaß und lernt ganz nebenbei, dass Englisch gar nicht so schwer ist.

Überraschungspost

Der Briefträger kam spät an jenem Samstag. Normalerweise steckte er die Post einfach in den gelben Briefkasten draußen am Zaun, aber diesmal war eine Büchersendung dabei, die nicht durch den Briefschlitz passte. Mama öffnete die Tür und nahm den Stapel Post entgegen.

“Alina, dein Buch ist angekommen!”, rief sie und das musste sie mir nicht zweimal sagen. Ich sprang vom Sofa auf, auf dem ich gerade ein anderes Buch gelesen hatte, denn Büchern kann ich nun mal nicht widerstehen.

Während ich das Päckchen aufriss, öffnete Mama die anderen Briefe. Plötzlich stieß sie einen kleinen Schrei aus, der sogar Paps und meinen Bruder Leon vom Computer weglockte. Das wollte etwas heißen.

“Was schreist du denn so, Mama?”, wollte Leon wissen.

“Ihr werdet es nicht glauben”, sagte Mama. “Wir haben eine Kreuzfahrt gewonnen. Zwei Wochen in den Sommerferien.”

“Wahnsinn!”, rief Leon begeistert. “Vielleicht treffen wir auf dem Meer Piraten!”

Ich tippte mir gegen die Stirn. Mein kleiner Bruder mit seiner Piratenmacke! Schon als ganz kleiner Knirps ließ er selbst gebastelte Rindenschiffchen auf dem Gartenteich fahren und war mehr als einmal ins

Wasser gefallen, weil er versuchte, als Pirat eines der Schiffe zu entern.
Paps fand die Aussicht auf Urlaub auch prima, vor allem, weil er dafür nichts bezahlen musste. Ich überlegte nur, ob ich nicht seekrank werden würde, fand es aber verlockend, zwei Wochen nichts anderes zu tun, als an Deck im Liegestuhl zu braten und zu lesen.
Nur Mama sah nicht so richtig glücklich aus.
"Hoffentlich wird das nicht so schrecklich wie auf dem *Traumschiff* im Fernsehen", sagte sie. "Eigentlich finde ich die Vorstellung, zwei Wochen mit lauter fremden Leuten auf einem Schiff eingesperrt zu sein, ziemlich unangenehm."
"Wieso um alles in der Welt hast du dann dieses Preisausschreiben mitgemacht?", fragte Paps verdutzt.
"Der dritte Preis war ein Fernseher. Den wollte ich gewinnen, weil unser alter doch so flackert."
Wir anderen sahen uns an und lachten.
"Das ist aber ein guter Trick, um den Hauptgewinn abzusahnen! Ganz bescheiden nur den dritten Preis haben wollen." Paps nahm Mama in den Arm. "Wenn wir dich nicht hätten!"
Leon tröstete Mama damit, dass die Piraten ihr sicher nichts tun würden. "Frauen und Kinder lassen die immer in Ruhe."
"Dann können wir ja ganz beruhigt sein", stellte Paps fest und lachte.

Ich kann es manchmal nicht glauben, dass Leon nur dreizehn Monate jünger ist als ich. Er hat Einfälle wie ein Vierjähriger.
"Also dann", sagte Mama und schaute in die Runde, "wird Familie Kruse wohl cruisen!"
"Was machen wir?", fragte Leon. Erstaunlich, dass er das Wort nicht kannte. Er will Pirat werden, und weil sein großes Vorbild Blackbeard ein Engländer war, lernt er schon seit der ersten Grundschulklasse allen Ernstes Englisch, weil er glaubt, dass er das als Schrecken der sieben Weltmeere später mal brauchen wird. Manchmal denke ich, er kann schon besser Englisch als ich.
"Eine Kreuzfahrt machen, Bruderherz. We're going on a **cruise**", sagte ich. Dann fiel mir etwas ein: "Sind da lauter Deutsche auf dem Schiff?"

---

cruise Kreuzfahrt

Mama inspizierte den bunten Prospekt, der dem Brief beigelegt war.
"Die *Neptun* startet von Teneriffa aus." Sie stutzte und blätterte in den Unterlagen herum. "Hier steht's: Wir fliegen nach Teneriffa, bleiben dort vier Tage und starten dann zur Kreuzfahrt. Da fahren ganz sicher nicht nur Deutsche mit. Also poliert euer Englisch mal ein wenig auf!"
Wie auf Kommando sagten Leon und ich den Spruch auf, den wir in Mamas uraltem Englischbuch gefunden hatten: "This is the father, this is the mother, this is the sister, this is the brother. Father, mother, sister, brother – hand in hand **with one another**." Dabei hielten wir uns an den Händen und tanzten übermütig im Kreis, bis Leon Paps' Kaffeetasse vom Tisch fegte. Sie zersprang in tausend Scherben.
"Oh **shit**", sagte Leon nur.
"**Shit happens**", antwortete ich und grinste.
"Na, um die beiden brauchen wir uns wohl nicht zu sorgen. Selbst wenn kein Mensch auf diesem Schiff Deutsch sprechen sollte – sie werden sich mühelos verständlich machen", stellte Paps trocken fest und half Leon, die Scherben einzusammeln.

---

with one another miteinander
shit Scheiße
Shit happens. Schicksal!

Familie Kruse geht an Bord

Den Flug hatten wir alle gut überstanden und auch die vier Tage Teneriffa waren schön. Ich war schon ein wenig braun, weil ich die meiste Zeit mit meinen Büchern am Strand verbracht hatte. Ich musste allerdings aufpassen, dass ich nicht zu schnell las. Mama hatte vor der Abfahrt ein ziemliches Theater gemacht, als sie merkte, dass ich zwar keinen Schlafanzug und nur ein einziges Paar Socken, dafür aber reichlich Lesefutter eingepackt hatte. Als sie den Koffer im Flur bereitstellen wollte, hatte sie ihn nicht vom Boden hochbekommen und schimpfend alle Bücher bis auf fünf Stück wieder ausgepackt. Ich wusste ja nicht, dass man für zu schwere Koffer am Flughafen nachzahlen muss. Zwei Bücher hab ich hinterher noch in mein Handgepäck reingeschmuggelt und schlimmstenfalls würde ich mir auf dem Schiff ein paar Liebesromane kaufen müssen.

Wir standen in einer langen Schlange und warteten darauf, dass wir an Bord durften. Leon hüpfte von einem Bein aufs andere und machte Mama nervös. Sie wünschte sich nichts sehnlicher, als endlich eine Kabine zu beziehen, damit wir einen festen Platz für unser Gepäck hatten. Auf Teneriffa hatten wir direkt aus dem Koffer gelebt, weil sich das Aus- und Einpacken für die paar Tage nicht gelohnt hatte.

Während wir im Schneckentempo vorwärts rückten, sah ich mir die Leute an, mit denen wir die nächsten zwei Wochen verbringen würden. Es schienen viele ältere Damen mitzufahren. Es gab auch ein paar Kinder, aber die waren viel jünger als ich. Irgendwann entdeckte ich ein Mädchen in meinem Alter. Sie war anscheinend mit ihrer Oma unterwegs und sah schwer gelangweilt aus. Als sich die Schlange aus unerfindlichen Gründen plötzlich ganz schnell vorwärts bewegte, verlor ich das Mädchen aus den Augen. Wir gingen die Treppe zum Schiff hinauf und wurden oben von der Crew begrüßt.
"**Welcome on board**! We **hope** you enjoy your **stay** on the *Neptun*!", sagte ein blauäugiger Steward in strahlend weißer Uniform zu mir.
"Thank you", antwortete ich artig und Leon neben mir sagte: "I hope we **meet some** pirates!"
"**I hope we don't**, **sir**", erwiderte die Dame, die Leon begrüßt hatte, mit einem Lächeln. Sie steckte in der gleichen weißen Uniform wie mein Steward, nur mit Rock statt Hose.

---

welcome willkommen
on board an Bord
hope hoffen
stay Aufenthalt
meet begegnen
some ein paar
I hope we don't. Ich hoffe nicht.
sir mein Herr

"Mensch, mit dir blamiert man sich ja überall", zischte ich Leon zu, als ich hinter ihm die Gänge zu unseren Kabinen entlanglief. Treppe rauf, Treppe runter, links, rechts. Wie sollte ich mich je auf diesem Schiff zurechtfinden?

"Excuse me, sir, I'm looking for **deck** five", sagte ein ratlos aussehender Herr mit Brille zu Paps.

"Sorry, I **can't** help you. We're looking for deck four and we can't **find that either**."

Aber irgendwann fanden wir dann doch das richtige Deck und dort auch unsere Kabinen. Die Reederei, die die Reise für das Preisausschreiben gestiftet hatte, hatte sich nicht lumpen lassen und uns zwei Außenkabinen mit Bullaugen zur Verfügung gestellt. Wir konnten aufs Wasser schauen und hatten ein bequemes Doppelbett, das ich allerdings leider mit Leon teilen musste. Alles war grün in diesem Zimmer, angefangen bei den Gardinen bis zur Tagesdecke auf dem Bett. "Damit dein grünes Gesicht nicht so auffällt, wenn du seekrank wirst", witzelte Leon. Wirklich ein ungemein charmanter Zimmergenosse.

Mama fing sofort an, die Sachen in den Schränken zu verstauen. Leon und ich beschlossen, uns erst mal ein wenig umzusehen.

---

can't kann nicht
find finden
that das
either auch nicht

"Aber bleibt nicht zu lange!", rief Mama. "Wir gehen gleich noch etwas essen!"
Auf dem Weg durch das Labyrinth der Gänge stieß ich plötzlich mit dem Mädchen zusammen, das ich in der Schlange gesehen hatte. Sie stand am Fuß einer Treppe und sah sich nach allen Seiten um.
"Hi!", sagte ich, um überhaupt etwas zu sagen.
"Hi", antwortete sie mit leiser Stimme.
"Können wir dir irgendwie helfen?" fragte ich, weil sie offenbar etwas suchte. Sie sah mich fragend an und ich versuchte es noch einmal auf Englisch:
"Can we help you?"
"I'm looking for my aunt. I'**ve lost** her."
"Your aunt? Is that the **elderly lady you're travelling with**?" Dann war die ältere Dame am Ende gar nicht ihre Oma.
"Yes, that's right. **Most** people think she's my grandmother, but **actually** she's her sister. My **great-aunt** Mary."
"Das ist ja wirklich hochinteressant", maulte Leon halblaut und zupfte mich am Ärmel. "Komm, lass uns weitergehen!"

(have) lost habe verloren
elderly ältere
lady Dame
you're travelling with mit der du reist
most die meisten
actually eigentlich
great-aunt Großtante

Aber ich dachte gar nicht daran, meine neue Bekanntschaft einfach so stehen zu lassen. Ich stellte uns vor: “My name’s Alina and this is my brother Leon. We’re from Hamburg in **Germany**.”
“Nice to **meet** you. I’m Lucy from Plymouth”, stellte sie sich vor. “It’s in **south-west** England.”
“**I’ve heard** of it”, sagte ich.
“Oh, **here** you are, Lucinda my **darling**”, unterbrach uns plötzlich eine aufgeregte Stimme, die ohne Zweifel Tante Mary gehören musste. Ihre Perlenkette klapperte gegen eine riesige Brosche, während sie sich uns schnaufend näherte.
“**I’ve been looking** for you everywhere! **Have** you **made** some new friends?”
“This is Leon and Alina. They’re from Germany”, sagte sie nur, bevor ihre Tante sie mit sich fortschleppte.
“**See you!**”, rief sie uns noch zu und wir riefen “See you!” zurück. Auf dem Schiff würden wir uns bestimmt noch häufiger begegnen.

Germany Deutschland
meet kennen lernen
south-west Südwest-
(have) heard (habe) gehört
here hier
darling Liebling
I’ve been looking ich habe gesucht
(have) made (hast) gemacht
See you! Bis später!

Eine Seefahrt, die ist lustig

Das war schneller der Fall, als wir dachten, denn als wir eine halbe Stunde später den großen Speisesaal betraten, saßen Lucy, ihre Großtante und noch zwei ältere Damen bei Mama und Paps am Nebentisch.
"So ein Zufall!" Ich nickte Lucy zu und freute mich. Leon brummte nur genervt, vermutlich weil er bisher noch keinen einzigen Jungen an Bord entdeckt hatte. Und wir waren wahrhaftig durch viele Gänge geirrt.
Es gab Spargel und das Essen war köstlich. Dieser Ansicht schienen auch die drei alten Damen zu sein, denn sie stießen ständig abgrundtiefe Seufzer aus. "**Marvellous**!" – "**Delicious**!" – "**What a pleasure!**" Dabei quiekten sie so komisch, dass sogar Leon trotz seiner schlechten Laune lachen musste. Lucy sandte verzweifelte Blicke zu uns herüber und verdrehte die Augen.
"**Would you like** to sit at our table?", fragte ich sie, was mir einen unmissverständlichen Tritt von Leon gegen mein rechtes Schienbein eintrug. Aber ich achtete nicht darauf und Leon war auch bald besänf-

---

marvellous wunderbar
delicious lecker
What a pleasure! Was für ein Vergnügen!
would you like möchtest du

tigt, denn Lucy war wirklich nett. Und sie kümmerte sich um Leon, der das sichtlich genoss.
"How old are you, Leon?"
"I'm eleven", antwortete mein Bruderherz so vorbildlich, wie er es in der Schule gelernt hatte.
"Is this your first cruise?"
Wir nickten beide eifrig. "Our Mum **won** it in a **competition**."
"Oh, **lucky you**."
"Yes, we are lucky. This ship is great. I'm **sure** we'll have **a lot of** fun." Ich strahlte Lucy an, denn ich war wirklich froh, nicht mit meinem Bruder und den vielen alten Leutchen allein auf dem Schiff zun sein.

Und dann eroberte sie mit einem einzigen Satz Leons Herz. Sie machte runde Kulleraugen und sagte mit verstellter Stimme:
"**Be careful**, **though**! **We might** meet some pirates."
"Siehst du!" Leon grinste mich triumphierend an. "Lucy glaubt das auch. Das wird sicher spannend." Er kroch unter den Tisch und ließ ungeniert lautes

---

won hat gewonnen
competition Preisausschreiben
Lucky you. Ihr Glücklichen.
sure sicher
a lot of viel
Be careful! Seid vorsichtig!
though aber
we might es könnte sein, dass wir

Piratengeheul hören, sodass sich das halbe Lokal nach uns umdrehte.
"It will be fun", erklärte ich Lucy, "**to hand him over** to the pirates. The pirates will **spare** us, and I'll **get rid of** the **pain** in my ears." Lucy lachte.
"Was hast du gesagt?", fragte Leon, der gerade unter dem Tisch hervorkam.
"Ich habe ihr gesagt, dass du Piraten toll findest und dass du es gar nicht abwarten kannst, welche zu treffen und deinen Schatz mit ihnen zu teilen."
"Are you going to **go ashore** in Madeira tomorrow or will you stay on the ship?" Lucy spießte eine Kartoffel auf ihre Gabel, tunkte sie in die Holländische Soße und verspeiste sie mit sichtlichem Genuss.
"**As far as I know**, we're going to go ashore."
"**I've got** a lot of information about Madeira. Do you want to come with me to my **cabin**?"
Ich nickte.
"**May I join** you?", fragte Leon.
"Sure", sagte Lucy und bedeutete uns, ihr zu folgen.

---

to hand him over ihn zu übergeben
spare verschonen
get rid of loswerden
pain Schmerz
go ashore an Land gehen
as far as I know soweit ich weiß
I've got ich habe
cabin Kabine
May I join you? Darf ich mitkommen?

“Lucy zeigt uns Prospekte von Madeira”, sagte ich im Gehen zu Paps, aber der war mit dem Mann, der am ersten Tag mit uns zusammengestoßen war und sein Deck gesucht hatte, in ein Gespräch vertieft. Er war Engländer und hatte sich als Ralph Peterson vorgestellt.
Immerhin hatte wenigstens Mama mitbekommen, dass wir gehen wollten, und so düsten wir ab.
Das gestaltete sich ein wenig schwieriger als gedacht, denn der Wellengang hatte zugenommen und das Schiff schaukelte ganz schön hin und her. Als wir über den Gang liefen, sah es aus, als wären wir alle betrunken und schwankten im selben Rhythmus rechts und links gegen die Wände. Ich wäre beinahe sogar gestolpert. Doch schließlich hatten wir es geschafft und standen vor Lucys Kabinentür.
Lucy bewohnte mit ihrer Tante zwei Einzelkabinen, die durch eine Tür miteinander verbunden waren.
“Aunt Mary **snores** and she doesn’t want **to keep me awake**. But **to tell the truth**, she snores so loudly **that I even** hear it through the door.”
Trotzdem beneidete ich Lucy darum, dass sie ihre Kabine mit niemandem teilen musste.

---

snores schnarcht
to keep me awake mich wachhalten
to tell the truth um die Wahrheit zu sagen
that dass
even sogar

Sie ließ sich auf ihr Bett plumpsen, holte einen Stapel Prospekte aus der Nachttischschublade und breitete sie auf der orangefarbenen Tagesdecke aus. Das Erste, was mir auffiel, waren die vielen Blumen.
"Madeira is the island of flowers", las sie vor. "It's called the '**floating** garden'. **Thousands** of **plants** **grow there** which are **unknown** on the **European** **continent**. Madeira is a **volcanic island**, so the **ground** is very **fertile**."
"**Is there anything else** there? **I'm afraid** I'll be **bored to death**." Leon gähnte.
"The people who live there believe that Madeira is **part** of the **legendary** island of Atlantis." Lucy deutete auf den Text in einem der Prospekte.

---

floating schwimmend
thousands tausende
plants Pflanzen
grow wachsen
there dort
unknown unbekannt
European europäisch
continent Kontinent
volcanic island Vulkaninsel
ground Boden
fertile fruchtbar
Is there anything else? Gibt es sonst noch etwas?
I'm afraid ich fürchte
bored to death zu Tode gelangweilt
part Teil
legendary sagenhaft

Da war Leon wieder wach. Atlantis, das bedeutete Abenteuer, mysteriöse Geschichten um einen ungehobenen Goldschatz und natürlich:
"Piraten!"
Ich schlug mir mit der Hand an die Stirn, schüttelte den Kopf und stöhnte.
"He's sweet, **isn't he?**" Lucy schien ihre Freude an meinem kindischen Bruder zu haben.
"Not **really**", murmelte ich nur und schnappte mir einen der Prospekte.
"Ah, we **dock** at Funchal."
Ich versuchte zu lesen, was man denn dort so machen könnte, aber Lucy unterbrach mich. "**Look at** your brother. He**'s gone** green in the face."
Das war nicht zu übersehen. Trotz des alles überstrahlenden Orangetons in Lucys Kabine war deutlich erkennbar, dass es Leon nicht gut ging.
"Mir ist übel, Lina. Ich hab wohl zu viel gegessen." Er presste die eine Hand auf den Magen, die andere auf den Mund.
Ich vermutete eher, dass er seekrank war, denn das Schlingern des Schiffs hatte noch deutlich zugenommen. Auch mir war ein bisschen mulmig.

---

isn't he? nicht wahr?
really wirklich
dock anlegen
look (at) schau (an)
(is) gone *hier:* (ist) geworden

"I think he'**s getting seasick**", stellte auch Lucy fest.
"Du bist mir ja ein schöner Pirat. Was ist, musst du dich übergeben?"
"Nein, so schlimm ist es nicht."
"Dann komm mit zu Mama, die hat Kaugummis gegen Seekrankheit dabei. Und dann gehst du am besten ins Bett."
Ich verabschiedete mich von Lucy und zuckte bedauernd mit den Schultern. "See you tomorrow."
"Good night. And **get well soon**, Leon."
Leon sagte keinen Piep.
Auf dem Gang sang ich *Eine Seefahrt, die ist lustig*, um Leon ein wenig aufzuziehen, aber es ging ihm so schlecht, dass er nicht einmal die Kraft fand, dagegen zu protestieren. Das machte dann auch mir keinen Spaß.
Wir holten die Kaugummis von Mama und gingen zu Bett. Ich las noch ein wenig und hörte dem langsam leiser werdenden Stöhnen von Leon zu. Irgendwann knipste ich das Licht aus und ließ mich vom sanften Schaukeln des Schiffs in den Schlaf wiegen.

---

is getting seasick wird seekrank
Get well soon. Gute Besserung.

Die Blumeninsel

Am nächsten Tag legte die *Neptun* in Funchal auf Madeira an. Leon war froh über die Aussicht, wieder festen Boden unter den Füßen zu haben – Piraten hin oder her. Er sah zwar nicht mehr so grün aus wie am Vortag, war aber immer noch blass um die Nase. Ich spürte überhaupt nichts, obwohl ich mir vorher solche Sorgen darüber gemacht hatte.

"Ready to go ashore?", fragte Tante Mary, die mit Lucy und den beiden anderen Damen vor uns in der Schlange stand, die sich vor der Gangway gebildet hatte.

"Ready to go ashore!", klang es dreistimmig zurück. Ein bisschen wie auf dem Kasernenhof, dachte ich noch, als ich angerempelt wurde.

Ein breitschultriger Mann mit grauen Locken und hängenden Mundwinkeln schubste mich grob zur Seite. Er pflügte wie eine Dampfwalze durch die Wartenden. "**Let** me through, I want to go ashore!", schnauzte er.

"Oh, really? What do you think we're doing here, waiting for the bus?" Eine große, blonde Frau weiter vorn in der Reihe war ziemlich geladen, nachdem er auch sie unsanft beiseite gestoßen hatte. "I **saw** this

---

let lassen (Sie)
saw habe gesehen

man at the **breakfast buffet**. He **made a fuss** there **as well**. An **impossible** person!" Sie schüttelte den Kopf, und auch die alten Damen schnatterten aufgeregt über sein unhöfliches Benehmen. "What an **oaf**!", sagten sie ein ums andere Mal und nickten sich bestätigend zu. Ich musste an pickende Hennen auf dem Hühnerhof denken und grinste.
In Funchal schlenderten wir erst mal gemütlich durch die Stadt. Die Pflanzenpracht war überwältigend. Kein Vergleich mit meinem Fensterbrett zu Hause. Hier auf Madeira wuchsen Pflanzen am Straßenrand, die ich nur als exotische Schnittblumen aus dem Blumenladen kannte. Zum Beispiel die Dinger, die aussehen wie Papageien am Stiel. Ich hab Mama gefragt, wie sie heißen: Strelizien.
Leon interessierte sich mehr für den Fischmarkt, weil er schon ein paar Mal mit seinem Freund beim Angeln war. Gefangen haben sie allerdings noch nie etwas, jedenfalls nichts, was man essen konnte.
Auf dem Fischmarkt in der Markthalle von Funchal hab ich die größten Thunfische meines Lebens gesehen. Sie waren fast doppelt so groß wie die zu Hause auf dem Hamburger Fischmarkt.

---

breakfast buffet Frühstücksbüffet
made a fuss sich aufgeregt hat
as well auch
impossible unmöglich
oaf Flegel

Lucy hatte ihre Tante den andern alten Damen anvertraut und war mit uns mitgegangen. In der Obst- und Gemüsehalle sahen wir den unfreundlichen Mann wieder, der sich mit einem der Markthändler stritt. Er hatte ihm zu wenig Geld für eine große Melone gegeben und wollte mit seiner Beute abziehen. Der Händler schimpfte hinter ihm her und holte Verstärkung. Mit Unterstützung einiger Kollegen zwang er den Kerl, die Melone wieder herzugeben. Das Geld warfen sie ihm vor die Füße.
"**Bloody foreigners**!", schimpfte der Mann.

---

bloody verdammt
foreigners Ausländer

Ich schüttelte mich unwillkürlich. Wenn es so etwas wie 'Fremdschämen' gab, dann traf das in diesem Moment auf mich zu. Nun dachten die Händler vielleicht, alle Touristen benähmen sich so.

"Lasst uns doch was zu essen kaufen und irgendwo picknicken", schlug Mama vor, was auf allgemeine Zustimmung stieß.

Wir kauften Bananen, die kleiner waren als die, die ich sonst kannte, Weintrauben, Käse und Weißbrot.

"Und Schokolade! Dringend!" Leon ohne Schokolade war wie ein Fisch ohne Wasser.

"Fehlt eigentlich nur noch Wein", sagte Paps.

"Und was ist mit deinem Vorsatz 'Kein Bier vor vier'?", fragte ich scheinheilig.

"Erstens ist es ja immer irgendwie nach vier. Du weißt doch: Vor dem Spiel ist nach dem Spiel. Und zweitens sprach ich von Wein." Paps hob eine Flasche hoch und drehte sie fachmännisch nach allen Seiten. "Den nehmen wir."

"Und woraus sollen wir ihn trinken?" Leon dachte wie immer praktisch.

"Wir?" Paps lachte. "Ihr kriegt Saft!"

"Dann lieber Mineralwasser. Ich hab solchen Durst."

Wir kauften Selters und eine Packung Plastikbecher.

Bei den Plastikbechern trafen wir Ralph Peterson.

"I wanted to go **back** to the **fish market**, but I **got lost**."

Niedlich, der Mann war offenbar ständig komplett desorientiert.

"What are your plans?", fragte Mama. "Would you like to have a **picnic** with us? We're looking for a nice **place** to sit and eat."

"Oh, I'm good at looking for places. That's what I do **all the time**. **Unfortunately** I can **never** find **them**." Ralph Peterson lachte schallend. "**I'd love to** join you."

Wir fanden tatsächlich einen kleinen Park, wo wir uns auf die Wiese setzten. Die Erwachsenen waren sich schnell einig, dass der Wein seltsam schmeckte. Offenbar schmeckte Rotwein auf Madeira wie Sherry, was immer das auch sein mochte. Das hielt die drei aber nicht davon ab, Brüderschaft zu trinken, weil sie beschlossen hatten, einander beim Vornamen zu nennen.

---

back zurück
fish market Fischmarkt
got lost habe mich verlaufen
picnic Picknick
place Platz
all the time die ganze Zeit
unfortunately leider
never nie
them sie
I'd love to ich möchte sehr gern

"I'm Kati", sagte Mama, "and I'm a **landscape gardener**."
"Henning, **architect**."
"Ralph. Professor of **History** at Bristol **University**."
"Bristol?" Leon war begeistert. Aus Bristol stammte der legendäre Pirat aller Piraten, seine Exzellenz Käpt'n Blackbeard. Er hob sein Glas mit Mineralwasser und stellte sich vor: "Leon. **Secondary school pupil** and **pirate-to-be**."
"Oh, I'm **deeply honoured** to meet the **future terror** of the Seven Seas", sagte Ralph und deutete eine Verbeugung an.
Sie klirrten die Gläser aneinander, aber die Bruderschaftsküsse sparten sie sich.
Wir erfuhren, dass Ralph gerade von seiner Freundin verlassen worden war und auf dem weiten Meer das Vergessen suchte. Zerstreut, wie er war, dürfte ihm das nicht allzu schwer fallen.
Es war ein fauler Nachmittag, die andern dösten und

---

landscape gardener Landschaftsgärtner(in)
architect Architekt(in)
history Geschichte
university Universität
secondary school pupil *etwa:* Gymnasiast
pirate-to-be zukünftige(r) Pirat(in)
deeply honoured zutiefst geehrt
future zukünftig
terror Schrecken

ich las, denn glücklicherweise hatte ich ein Buch in der Tasche. Irgendwann mussten wir wieder zum Schiff zurück. Mama drängelte schon eine ganze Weile, weil sie Angst hatte, der Kahn könnte ohne uns losfahren.

"Keine Panik", sagte Paps. "Selbst wenn, bleiben wir schließlich nicht allein auf dem weiten Ozean zurück wie ein Taucher, der sein Boot nicht mehr findet. Wir sind auf einer Insel, von der aus wir zur Not jederzeit mit dem Flugzeug wieder nach Hause kommen."

Leon nahm das zum Anlass, auf dem Weg zum Schiff darüber zu spekulieren, wie es wohl wäre, von einem Tauchgang zurückzukommen und das Schiff nicht mehr zu finden.

"Maybe you'd be lucky and meet some pirates who would pick you up", neckte ihn Ralph.

"Before that **happened** he'**d be eaten** by **sharks**", schaltete sich Lucy ein.

"**Then** he'd be a pirate with a **wooden leg**", sagte ich. Wir schütteten uns aus vor Lachen, während wir die Gangway zum Schiff hinaufgingen.

---

happened *hier:* passieren würde
(would) be eaten (würde) gefressen werden
sharks Haien
then dann
wooden leg Holzbein

Ein seltsamer Passagier

Am nächsten Morgen schliefen wir lange. Durch das Bullauge sah ich grauen Himmel und ebenso graues Wasser und so verbrachte ich den halben Tag mit Lesen. Sogar Leon schnappte sich sein Buch. Irgendeine haarsträubende Piratengeschichte natürlich. Irgendwann war er durch und klappte das Buch mit lautem Knall zu.
"Wollen wir ein bisschen auf dem Schiff rumlaufen?"
Eigentlich hatte ich keine große Lust, aber da ich mit meinem Lesestoff sparsam umgehen musste, damit es bis zum Schluss reichte, war es Zeit für eine Pause.
"Okay. Aber lass uns Lucy abholen."
Lucy war in ihrer Kabine und hatte auch schon überlegt, was sie machen sollte.
"**Have you already been** on the sports deck?", fragte ich.
Sie schüttelte den Kopf. "No. But I've heard you can even play golf there. **I wonder** where the **little** golf balls go when you **hit** them."
"Let's go and see." Ich zog Lucy am Arm hinter mir her und Leon folgte uns. Inzwischen hatten wir be-

---

already schon
have you been bist du gewesen
I wonder ich frage mich
little klein
hit schlägst

griffen, wo sich die Treppen befanden, und verirrten uns nun nicht mehr so häufig wie am Anfang. Als wir die Treppe hinaufgekeucht waren, durchquerten wir die Bar mit den großen Palmen. Hinter einer Wand befand sich die Golfübungsanlage. Wir schauten dem Schiffsgolflehrer zu, der einem sportlich aussehenden Mann Anweisungen gab, wie er den Schläger halten und schwingen musste.

"**You have to** hit the ball **against** the **screen**. Don't be afraid. Look, it's a fairway. Can you see the flag that **marks** the hole?"

Der Mann holte aus und schlug den Ball gegen den Bildschirm, auf dem ein Teil eines Golfplatzes abgebildet war. Darunter erschien eine Kurvengrafik.

"Aaach, so funktioniert das!" Leon patschte sich mit der flachen Hand an die Stirn, als hätte er da selbst drauf kommen müssen.

"There's a computer inside which **calculates** the **trajectory**", erklärte uns der Golflehrer. "So you know how far you **would have hit** the ball on a **real** fairway."

---

you have to du musst
against gegen
screen Bildschirm
marks markiert
calculates errechnet
trajectory Flugbahn
would have hit hättest geschlagen
real echt

Der Mann bereitete sich auf den nächsten Schlag vor. Der Ball landete jedoch nicht auf dem Bildschirm, sondern suchte sich seinen Weg in das Absperrnetz, hinter dem wir standen.
"Oh **my god!** I **thought** the ball would hit me!" Lucy war einen Schritt zurückgesprungen.
"I think we **should** go. It's dangerous here."
Wir wandten uns ab und Leon ging zu den Trimmrädern.
"Look, his legs are too short!", flüsterte ich Lucy ins Ohr und kicherte. Es sah aber auch zu komisch aus, wie er versuchte, mit den Beinen die Pedale zu erreichen. Wir ließen ihn zappeln und gingen zu der großen Turnfläche, auf der bestimmt zwanzig Frauen in Gymnastikanzügen nach den Kommandos einer gertenschlanken Blondine mehr oder weniger elegant auf der Stelle hüpften.
"Would you like to join us?", fragte die Blondine, als sie uns am Rand stehen sah.
Ich schüttelte den Kopf. "No, **thanks**. **Maybe some other time**." Das hätte mir gerade noch gefehlt, dass ich dort den Hampelmann spiele!

My God! Mein Gott!
thought habe gedacht
should sollten
thanks danke
Maybe some other time. Vielleicht ein andermal.

"Come on, it's **nearly dinnertime**", sagte Lucy. "Let's go to the restaurant. I'm hungry and I **bet** my aunt and your parents are waiting for us already."
Wir ließen die Hupfdohlen weiterhampeln und sammelten Leon ein. Auf dem Weg zum Speisesaal mussten wir durch einen Gang, von dem lauter Kabinen abgingen. Als ich gerade um die Ecke biegen wollte, blieb ich jedoch unwillkürlich stehen, sodass die anderen gegen mich prallten.
"**What's up?**"
Statt einer Antwort legte ich den Zeigefinger auf die Lippen und trat einen kleinen Schritt zurück. Lucy und Leon lugten vorsichtig hinter mir in den Gang.
Der unfreundliche Mann, der sich auf Madeira so danebenbenommen hatte, stand an einer Kabinentür und schaute sich nach allen Seiten um. Er fummelte an dem Türknauf herum, der offenbar nicht so wollte wie er. Dabei sah er immer wieder auf und blickte über seine Schultern.
"Das ist garantiert nicht seine Kabine", murmelte Leon.
"Ach was! Du hast zu viele Detektivgeschichten gelesen. Vielleicht hat er sich nur in der Kabinennummer geirrt", antwortete ich leise.

---

nearly fast
dinnertime Zeit fürs Abendessen
bet wette
What's up? Was ist los?

Doch in diesem Moment hörten wir es klicken. Die Tür sprang auf. Der Mann schaute sich ein letztes Mal um, bevor er sich durch den Türspalt schob.
"**What the hell** is he doing?", sagte Lucy aufgeregt und hatte Mühe, ihre Stimme zu dämpfen.
"We should tell one of the crew."
"**First of all** we should wait here **until** he comes **out** again", schlug Leon vor.
Doch da machte uns meine Mutter einen Strich durch die Rechnung. Nachdem wir mehrere Minuten gewartet hatten, ohne dass sich die Tür wieder öffnete, erschien sie plötzlich auf der Bildfläche.
"Da seid ihr ja! Wir warten schon auf euch. Fütterungszeit!"
"Mama, da hat sich eben dieser unfreundliche Kerl in eine Kabine geschlichen, die garantiert nicht seine eigene ist."
"Welcher Kerl? Der, der in Funchal das Theater mit der Melone veranstaltet hat?"
"Genau der. Er hat sich dort reingeschlichen wie ein Dieb."
"Ihr lest zu viele Krimis. Nur weil er unfreundlich ist, muss er nicht gleich ein Einbrecher sein. Ihr könnt ihn nur nicht leiden und traut ihm daher alles zu."

---

what the hell was zum Teufel
first (of all) vor allem
until bis
out raus

"Aber Mama, wenn er nun wirklich in die Kabine eingebrochen ist!" Leon fuchtelte mit seinen Armen, wie immer, wenn er aufgeregt war.
"Schluss jetzt! Ich hab keine Lust, mir weiterhin diesen Blödsinn anzuhören. Wir sind hier nicht bei 'Mörder Ahoi'!"
Wenn Mama so drauf war, war es wirklich besser, den Mund zu halten. Ich zeigte Lucy den gesenkten Daumen und wir trotteten zu dritt wortlos hinter Mama her, die Gänge entlang, die Treppe hinauf.
Mir knurrte bereits der Magen, und als ich die ersten Bissen des köstlichen Hühnchens verspeist hatte, das an diesem Abend zu Curryreis und Paprikagemüse serviert wurde, beruhigte sich auch meine Fantasie wieder.
"Maybe Mum'**s right**", murmelte ich mit vollem Mund in Richtung Leon und Lucy. "Maybe he **just had** problems with his key and was looking **around** because he was afraid **someone** would think he **was** a **burglar**."
Leon bedachte mich mit einem Blick, als wollte er

---

is right hat Recht
just einfach
had hatte
around herum
someone jemand
was *hier:* sei
burglar Einbrecher(in)

sagen, dass die Männer in den weißen Jacken sicher gleich kämen, um mich in Gewahrsam zu nehmen, aber er sagte nichts. Stattdessen stürzte er sich auf den Nachtisch, der soeben serviert wurde: Mousse au Chocolat. Leon ist ein echter Schokoholic. Kein Lebensmittel, in dem auch nur eine Spur von Schokolade enthalten ist, ist vor ihm sicher. Er aß definitiv mehr von dem Zeug, als seiner Figur guttat. Und dass Schokolade glücklich macht, daran glaube ich schon lange nicht mehr. Bei seinem Konsum müsste Leon der glücklichste Mensch der Welt sein.

Ich war inzwischen auch beim Nachtisch angekommen und steckte mir gerade mit geschlossenen Au-

gen genüsslich einen Löffel der köstlichen Mousse in den Mund, als ich eine Bewegung spürte. Ich riss die Augen auf und sah gerade noch, wie Leons Hand von meiner Schüssel zurückzuckte. Anschließend verschwand die Beute in seinem Mund.

“Spinnst du? Das ist meine Mousse!”

“Soll ich sie dir wiedergeben?”

“Mamaaa”, quengelte ich, fing mir aber nur einen ihrer Lasst-mich-mit-eurem-Gestreite-in-Ruhe-Blicke ein.

“Mein Schokovorrat ist aufgebraucht”, rechtfertigte sich Leon, als würde das alles entschuldigen.

“Dann kauf dir gefälligst neue.”

“Die ist hier so teuer. Also muss ich alles Schokoladenhaltige einfangen, was ich kriegen kann.”

“Aber nicht von mir!”

“Do you want to have my mousse? I don’t like it”, sagte Lucy.

Leon warf ihr einen dankbaren Blick zu, ganz offenbar war sie in seiner Achtung gerade um hundert Prozent gestiegen. Jemand, der keine Schokolade mochte, war die ideale Ergänzung für ihn.

Am Nebentisch hinter mir erklärte eine der älteren Damen gerade wortreich, dass sie den Nachtisch beim besten Willen nicht mehr schaffte, so lecker er auch sei. Das war meine Chance, mir Leon ebenfalls gefügig zu machen. Tante Mary hatte uns die beiden Damen schon vorgestellt.

Elizabeth Vanderbilt war Anfang siebzig, wirkte mit ihren Falten aber wie mindestens hundert. Außerdem war sie furchtbar vergesslich. Sie stammte aus den USA und schwärmte ständig von diesem Land.
Luise von Feldmann-Marquardstein war Deutsche und sah viel rüstiger aus, obwohl sie bereits 81 Jahre alt war.
“Frau von Feldmann-Marquardstein”, sagte ich mit meiner artigsten Kleinmädchenstimme, als ich mich zu ihr hinüberbeugte. “Ich habe gehört, Sie schaffen Ihren Nachtisch nicht. Dürfte ich ihn vielleicht haben, bevor er in der Küche weggeworfen wird?” Als sie zögerte, fügte ich hinzu: “Wo doch in Afrika so viele arme Kinder verhungern”, und blickte sie treuherzig an.
“What a nice little girl!”, sagte sie zu den beiden anderen Damen und lächelte.
“Gerne, mein Kind. Das ist sehr aufmerksam von dir.” Dann schob sie mir das Schüsselchen zu.
“Vielen Dank!” Ich schenkte ihr ein strahlendes Lächeln und trug es wie eine Trophäe zu unserem Tisch.
Ich grinste immer noch, als ich mich wieder auf meinen Platz setzte und Leons sehnsüchtigen Blick sah. Lucys Portion hatte er selbstverständlich schon verschlungen.
“Unter einer Bedingung.” Leon hatte die Frage noch gar nicht gestellt, als ich auf seinen Blick antwortete.

“Kein Wort mehr über Piraten. Während des gesamten Urlaubs.”

Das war ganz schön viel verlangt, jedenfalls für Leons Verhältnisse, aber mein Bruderherz hätte mir vermutlich alles versprochen, um seinen Schokoheißhunger zu stillen.

“In Ordnung. Her damit! Wer weiß, wann ich das nächste Mal wieder was bekomme.”

Er riss die Schüssel an sich und schlang das braune Zeug in sich hinein, was ihm eine missbilligend hochgezogene Augenbraue von Mama eintrug. Doch sie sagte nichts, vermutlich, weil Ralph mit am Tisch saß. Zu Hause ist sie nicht so zurückhaltend.

Dabei hätte Ralph vermutlich nicht mal etwas bemerkt, denn er dozierte gerade weitschweifig über die Geschichte Portugals. Ich werde nie begreifen, wie man sich für Geschichte interessieren kann. Da rieselt einem schon beim bloßen Zuhören der Kalk im Hirn.

Paps kannte sich als Architekt gut in der Baugeschichte aus, also lauschte er interessiert und gab hin und wieder Kommentare ab.

Ich ließ gelangweilt den Blick über das Lokal schweifen, bis er an Leon hängen blieb. Na toll! “Bruder, du siehst aus wie ein Erdferkel!”

Die Schokoladenmine

Leon wurde langsam unleidlich. “Wenn ich nicht bald Schokonachschub kriege, werd ich noch krank.”

Dieses Genöle musste ich mir nun schon den ganzen Morgen anhören. Die drei Portionen Mousse au Chocolat vom Vortag schienen seine Sucht eher noch verstärkt zu haben. Zigmal hatte er seinen Rucksack schon durchwühlt, weil er hoffte, vielleicht doch noch irgendwo einen Schokokrümel zu finden.

“Frag doch in der Kombüse nach”, sagte ich, nur um ihn loszuwerden. Vielleicht konnte ich mich ja doch noch mal umdrehen, bevor ich endgültig aufstehen musste.

Er biss an. “Meinst du wirklich? Super Idee!”

Ohne sich zu waschen, also eigentlich wie immer, schlüpfte er in seine Klamotten und stürmte aus der Kabine.

Endlich Ruhe! Ich atmete erleichtert auf. Hätte der Storch damals nicht eine Tür weiterfliegen können?

Ich kuschelte mich noch mal so richtig ins Bett und döste vor mich hin. Aber irgendwie war ich zu wach und konnte nicht mehr richtig einschlafen. Kurz entschlossen setzte ich mich auf und kramte die Postkarten aus meinem Rucksack, die ich auf Madeira gekauft hatte.

Als Erstes wollte ich Nora schreiben, meiner Brieffreundin in Irland.

Hi Nora,
Our cruise is great. Yesterday we ***visited*** *Madeira, a volcanic island, and we saw lots of beautiful flowers.* ***I've met*** *a nice girl from Plymouth. Her name is Lucy and she's travelling with her aunt. We* ***spend*** *all our time on the ship* ***together****.*
Love
Alina

Neben meinen Namen malte ich noch einen Smiley mit Hut. Briefmarken würde ich am Schiffskiosk bekommen. Ich überlegte gerade, ob ich auch an meine Freundin Sandra schreiben sollte, als mir plötzlich Leon wieder einfiel. Er war schon reichlich lange weg und heckte bestimmt wieder irgendeinen Blödsinn aus.
Seufzend stand ich auf, wusch mich, zog Jeans und mein blaues Hamburg-T-Shirt an und machte mich auf die Suche.
Nach einigem Herumirren hatte ich die Kombüse

---

visited haben besucht
(have) met (habe) kennengelernt
spend verbringen
together zusammen
love *hier:* liebe Grüße

gefunden. Ich stand unschlüssig an der Tür herum, denn das Schild ***Staff*** *only* sagte mir, dass ich dort eigentlich nichts verloren hatte. Dann hörte ich jedoch Leons Stimme.
Ich öffnete die Tür einen Spalt und er entdeckte mich sofort. "Alina, gut, dass du kommst!"
Nanu? Das waren ja ganz neue Töne! Neben Leon stand ein sommersprossiger Junge mit grünen Augen und rotblonden Haaren.
"Das ist Piet", stellte Leon ihn mir vor. "Er kommt aus Holland."
Der Junge grinste mich an.
Pumuckl, dachte ich, nahm artig seine dargebotene Hand, die er zuvor an einer weißen Schürze abgewischt hatte, und grinste zurück.
"Nice to meet you." Niedlich, der holländische Ak-

---

staff Personal

zent. “Meine Deutsch iss nich so gutt, besser wir sprechen English.”
Das ‘sp’ bei ‘sprechen’ sprach er so aus wie wir Hamburger, wenn wir über den ‘spitzen Stein stolpern’. Dafür rollte er das ‘r’ mit der Zunge, was wiederum eher englisch klang.
Pietmuckl mochte etwa sechzehn Jahre alt sein und er war offenbar schon jetzt Leons Held. Die braunen Spuren im Gesicht meines Bruders verrieten mir, dass Piet etwas von den Schiffsvorräten an Schokolade herausgerückt haben musste.
“Piet wants to have his own ship. He **said** he wants me to **work** with him.”
“Do you want to be a pirate?” Ich zwinkerte Piet zu. “My brother wants to be the terror of the Seven Seas.”
“Hey, das ist unfair! Ich darf auch nicht von Piraten sprechen!” Ausnahmsweise hatte Leon recht. Ich hatte es schlicht vergessen.
“No, **I’d rather** be **captain** of a **four-master** and **sail all over the world**.”

---

said hat gesagt
work arbeite
I’d rather ich möchte lieber
captain Kapitän
four-master Viermaster
sail segeln
all over the world durch die ganze Welt

"Then you should **watch out for** Captain Leon." Piet gefiel mir, weil er gut gelaunt war und so lustig aussah.
"Isn't it very expensive to buy **such a** big ship?", hakte ich nach.
"Sure. But I know about the **jewellery** that the old ladies hide in their cabins **instead of** taking it to the ship **safe**." Als Piet mein entsetztes Gesicht sah, grinste er breit. "Just kidding! Ick make nur Spaß."
"O-kay …", sagte ich und lachte mit.
Im Hintergrund wurden Stimmen laut.
"Piet! What the hell are you doing there? **You're not being paid** to talk."
"You heard them." Piet zuckte mit den Schultern und zog einen bedauernden Flunsch. "I have to go."
Zu Leon sagte er: "**If** you need more chocolate **just come by**. See you." Damit verschwand er im hinteren Teil der Küche.

---

watch out for aufpassen auf
such a so ein
jewellery Schmuck
instead of anstatt
safe Tresor
you're not being paid du wirst nicht bezahlt
if wenn
Just come by. Komm einfach vorbei.

Spiel's noch mal, Gilberto!

Natürlich kamen wir viel zu spät zum Frühstück. Mama, Paps und Ralph Peterson saßen schon an unserem Tisch. Allerdings waren Lucy und die alten Damen vom Nebentisch auch noch nicht da.

"Wo habt ihr euch denn wieder herumgetrieben?" Mama sah ziemlich sauer aus. "Ich hab mir schon Sorgen gemacht."

"Hast du gedacht, wir sind über Bord gegangen? Oder von Piraten gekidnappt?" Mit einer Überdosis Schokolade hielt Leon sich immer für besonders witzig.

"Leon!", sagte ich drohend, doch er grinste bloß. Schließlich hatte er einen gut, weil ich heute selbst von Piraten gesprochen hatte.

"Du weißt genau, was ich meine. Hier kann trotz allem noch genug passieren. Ich war irritiert, weil ihr doch sonst immer so lange schlaft."

"Nicht wenn unser Schokoholic seinen Stoff nicht bekommt", murmelte ich und biss in ein Brötchen mit Aprikosenmarmelade. Leons bösen Seitenblick ignorierte ich, was mir nicht schwerfiel, weil hinter uns plötzlich aufgeregtes Stimmengewirr zu hören war. Tante Mary, Mrs Vanderbilt und die Feldstein, wie ich Frau von Feldmann-Marquardstein insgeheim nannte, schnatterten, als gäbe es dafür einen Preis zu gewinnen.

"Good morning", zwitscherten sie, als sie sich an den Nebentisch setzten. "Isn't it a **wonderful** day?"
"Yes, it is", bestätigte Leon und strahlte. Klar, er hatte schließlich eine Schokoladenmine entdeckt.
"**Imagine**!", trällerte Aunt Mary in die Richtung von Mama, Paps und Ralph Peterson. "We saw a big **poster** saying that Gilberto Tango is playing in the **theatre** tonight." Wir sahen uns verständnislos an und Tante Mary musste uns erst aufklären: "Gilberto Tango was my **hero in the days of my youth**. He's a German **singer**. I saw him **on stage several** times when I lived in Germany. I **fell head over heels in love** with him, but of course he never **knew**." Dann folgte ein Seufzer der abgrundtiefen Art. Sie musste wirklich sehr verliebt gewesen sein. Aber wenn das in ihrer Jugend war, überlegte ich, dann musste dieser Tango inzwischen steinalt sein. Ich hatte jedenfalls noch nie von ihm gehört.

---

wonderful wunderbar
Imagine! Stellt euch vor!
poster Plakat
theatre Theater
hero Held
in the days of my youth in meiner Jugendzeit
singer Sänger(in)
on stage auf der Bühne
several mehrere
fell head over heels in love habe mich Hals über Kopf verliebt
knew hat gewusst

“**I’ve seen** that poster too”, sagte Mama zu Ralph Peterson. “But it **must** be a photo of him **as** a very **young** man. I **hope** Mary **won’t** be too **disappointed** when she sees him.”
Ralph Peterson lachte und sagte leise: “And **vice versa**, of course.”
Tante Mary hatte sich inzwischen wieder ihren Tischgenossinnen zugewandt.
“What are we going to do today?”, fragte Mama in die Runde.
“Go for a walk in the **desert**.” Das war natürlich Leon. “What a question. **Hang about**. There’s **absolutely** nothing to do here.”
“I’ve got an idea”, sagte ich und Leon und Lucy sahen mich erwartungsvoll an. “Let’s go and sit in the **lounge** and play Kniffel. I’ll go to our cabin and **get** it.”

(have) seen (habe) gesehen
must muss
as als
young jung
hope hoffe
won’t wird nicht
disappointed enttäuscht
vice versa umgekehrt
desert Wüste
hang about herumhängen
absolutely absolut
lounge Salon
get hole

Die beiden schauten mich skeptisch an. Leon, weil ihm das offenbar zu langweilig war, und Lucy, weil sie nicht verstand, wovon ich redete.
"It's a **game of dice**. It's fun, I'll **explain** it to you. See you in the lounge." Ich sprang auf und machte mich auf den verschlungenen Weg zu unserer Kabine. Kniffeln war zwar nicht grade der Oberhammer, aber besser als Löcher in die Luft zu starren war es allemal. Vielleicht fiel uns dabei ja auch noch etwas Besseres ein.
Im ersten Gang öffnete sich neben mir eine Tür mit der Aufschrift *Staff only*. Ich erkannte Piet mit einem Stapel Kästen auf dem Arm. Ein anderes Crew-Mitglied folgte ihm.
"Hi Alina, nice to see you." Pietmuckl strahlte mich koboldhaft an. Sein Begleiter sah dagegen eher muffig drein. Piet stellte ihn mir vor. "This is Vincent. He works in the kitchen too. He's from Berlin."
"Tach", sagte Vincent, sah dabei aber nicht freundlicher aus. Er mochte um die zwanzig Jahre alt sein. Ich fragte mich, was er wohl schon alles mitgemacht hatte, dass er so mies drauf war. Die Sorgenfalten auf seiner Stirn und die hängenden Mundwinkel schienen wie eingemeißelt zu sein, demnach konnte es sich nicht nur um eine momentane Verstimmtheit

---

game of dice Würfelspiel
explain erklären

handeln. Ich beschloss, Piet bei Gelegenheit mal nach ihm auszufragen.
In unserer Kabine kramte ich das Kniffel-Spiel aus dem Nachttisch und nahm einen Bleistift aus der Federtasche, den ich mit in den Spielkarton legte. Der Blick durch das Bullauge sagte mir, dass keine Wetterbesserung in Sicht war, also würde das wohl ein längerer Spieletag werden.
Der Weg zum Aufenthaltsraum führte mich auch durch den Gang, in dem die Kabinen von Lucy und Tante Mary lagen. Plötzlich stutzte ich. Da stand der unfreundliche Mann vor Tante Marys Kabinentür und horchte mit angelegtem Ohr!
“Hey, what are you doing there?”
Erst in diesem Augenblick wurde mir bewusst, dass ich mich mit dem grässlichen Kerl ganz allein auf

diesem Flur befand. Zu spät. Unwillkürlich wich ich einen Schritt zurück, aber der Mann kam drohend auf mich zu.
"**None of your business**, you dirty **brat**!"
Obwohl mir ziemlich mulmig war, konnte ich das unmöglich auf mir sitzen lassen.
"I'm not a dirty brat and my **manners** are a lot better **than** yours. **Besides**, this is my friend's cabin, so it is my business, actually."
"**Get lost** and never let me see you again!"
Bei seinem Blick wäre ich fast zu Stein erstarrt. Er ließ mich einfach stehen und ging. Als er außer Sichtweite war, schloss ich die Augen und rutschte mit dem Rücken an Tante Marys Tür hinunter, bis ich auf dem Boden saß. Meine Beine zitterten und die Gedanken überschlugen sich in meinem Kopf.
Dann hatte Leon womöglich Recht gehabt und der Kerl hatte neulich gar nicht an seiner eigenen Tür herumgefummelt?

None of your business. Das geht dich nichts an.
brat Gör
manners Manieren
than als
besides außerdem
Get lost! Hau ab!

Die Würfel sind gefallen

"Wo warst du denn so lange?"
Ich kam völlig außer Atem im Aufenthaltsraum an und wurde von Leon vorwurfsvoll empfangen.
Lucy war da wesentlich sensibler. "What happened? You look **as if** you've seen a ghost."
Ich ließ mich in einen der roten Drehsessel fallen und knallte das Kniffel-Spiel auf den Tisch. "**Do you remember** that **unfriendly** man we saw at a cabin door having problems with his key?"
Lucy und Leon nickten heftig.
"**Two minutes ago** I **caught** him with his ear against Aunt Mary's cabin door."
Lucy entfuhr ein kleiner Schrei. "**What on earth** was he doing there?"
"I think he wanted to **find out** **whether** someone was in the cabin. Maybe he wanted to **break in**, and I **disturbed** him."

---

as if als ob
do you remember erinnert ihr euch (an)
unfriendly unfreundlich
two minutes ago vor zwei Minuten
caught habe erwischt
what on earth was in aller Welt
find out herausfinden
whether ob
break in einbrechen
disturbed habe gestört

"Oh my god!" Mehr konnte Lucy nicht sagen.
"But that wasn't the **worst** thing." Mein Herz schlug in Erinnerung an diese Szene wieder schneller. "He **threatened** me, and he **called** me a dirty brat."
"He did what?" Lucy blieb der Mund offen stehen.
"I asked him what he was doing there and he said ..." Ich stand auf und beugte mich zu ihr hinunter, wie der Kerl es getan hatte. Dann verstellte ich meine Stimme: "That's none of your business, you dirty brat!"
"Wow, you're such a good **actress**! That's really **frightening**." Natürlich, Leon nahm mal wieder alles nicht ernst.
"You'd **probably** have been frightened. I wasn't."
"What now?" Leon sprach aus, was wir alle drei dachten.
"We have to do something about it. First of all let's tell Aunt Mary."
Ich bremste Lucy: "Don't! She'll **warn everybody**. I think we have to keep an eye on him. We must

---

worst schlimmste
threatened hat gedroht
called hat genannt
actress Schauspielerin
frightening beängstigend
probably wahrscheinlich
warn warnen
everybody alle

catch him red-handed, **otherwise** we can't **prove** he's a burglar."
"You're right. We don't even know what he's doing. Maybe he'll stop if we **shout about** it. Then we'll never find out **anything**."
"Great! We'll **put the fear of God into him**." Das muss er aus einer Piratengeschichte haben. Leon bekam vor Eifer rote Wangen. Das war ganz nach seinem Geschmack. Und wenn es hier schon weit und breit keine Piraten gab, dann war ein Einbrecher an Bord zur Not auch nicht zu verachten.
"How will we do it? We can't **follow him around** all day", fragte Lucy.

Ich überlegte. "No, but **whenever** we see him, one of us has to follow him. If **possible**, we should **take it in turns** so that we don't **attract his attention**. And **from now on** I'll always take my digicam with me."

---

catch him red-handed ihn auf frischer Tat ertappen
otherwise ansonsten
prove beweisen
shout about lautstark verkünden
anything irgendwas
put the fear of God into him ihn das Fürchten lehren
follow him around ihm auf Schritt und Tritt folgen
whenever immer wenn
possible möglich
take it in turns uns abwechseln
attract his attention seine Aufmerksamkeit erregen
from now on ab sofort

"Don't you think it would be better to **get** a **grown-up involved**?", fragte Lucy.
Auch ich hatte das dumpfe Gefühl, es könnte eine Art Lebensversicherung für uns sein, einen Erwachsenen einzuweihen. "Who? Our mum doesn't take us **seriously**, we saw that last time."
"And Dad's always **absent-minded**. I don't think he would **be any help**."
"What about your parents' new friend?", fragte Lucy.
"You **mean** Ralph Peterson?"
"He **seems** nice. And maybe he needs a **distraction** because his **girlfriend has left** him. He might **get over it** faster if he has something **important** to do."
Ich konnte mir nicht vorstellen, dass ein bisschen Detektivspielen Ralph über den Verlust seiner Freundin hinwegtrösten könnte, aber vielleicht lenkte es ihn ja wenigstens ein bisschen ab.

---

grown-up Erwachsene(n)
get involved hinzuziehen
seriously ernst
absent-minded geistesabwesend
be any help eine Hilfe sein
mean meinst
seems scheint
distraction Ablenkung
girlfriend Freundin
(has) left (hat) verlassen
get over it darüber hinwegkommen
important wichtig

"Okay. Let's look for him." Ich sammelte den Kniffel-Kram wieder ein.
"**Talk of the devil!**" Lucy kicherte.
Soeben betrat Ralph Peterson die Lounge und sah wie immer reichlich desorientiert aus. Das hatte ich gar nicht bedacht. Vielleicht würde er uns doch nicht helfen können, wenn er nie wusste, wo er eigentlich war.
"Hi, **kids**. Have you seen your parents?", fragte er dann auch gleich. Wir kicherten.
"No, not **since** breakfast. But it's good that you're here. We **were just going to** look for you."
"Really? And **to what do I owe the honour**?" Er setzte sich und schaute uns erwartungsvoll an.
"We need your help." Ich drehte die Kniffel-Schachtel in den Händen, weil ich nicht wusste, wie ich fortfahren sollte. Schließlich konnten wir dem unfreundlichen Mann nicht einen einzigen konkreten Vorwurf machen, mal abgesehen davon, dass er grob unhöflich war, um es mal milde auszudrücken.
"You know that **grey-haired** man who **moans** all the time?"

Talk of the devil! Wenn man vom Teufel spricht!
kids Kinder
since seit
were just going to wollten gerade
To what do I owe the honour? Was verschafft mir die Ehre?
grey-haired grauhaarig
moans jammert

"Sure. I think everybody on board knows him. It's **hard** to imagine how his wife can **stand** him all day." Und als wäre ihm dabei wieder eingefallen, dass seine eigene Freundin ihn verlassen hatte, verdüsterte sich sein Blick schlagartig.

"Several times now we've seen him listening at other people's cabin doors, and even opening them. I just saw him with his ear against the door of her aunt's cabin." Ich deutete auf Lucy. "When I asked him what he was doing there he got angry and **aggressive**. We'**ve decided** to keep an eye on him, and we wanted somebody to know about it, **in case** …" Falls uns etwas zustößt, hatte ich sagen wollen, konnte es aber noch rechtzeitig abbiegen. "In case we catch him red-handed. Otherwise they could say **we made it all up**."

"I see. And you prefer not to tell your parents. I understand. **Thanks for trusting me**. I won't tell **anybody** that you're playing **detectives.** And I'll keep an eye on this man, too, if you agree." Er lä-

hard schwer
stand aushalten
aggressive aggressiv
(have) decided (haben uns) entschieden
in case falls
we made it all up wir hätten uns das alles ausgedacht
Thanks for trusting me. Danke, dass ihr mir vertraut habt.
(not) anybody keiner
detectives Detektive

chelte und es war kein typisches Erwachsenenlächeln, in dem immer dieses Ach-ja-lass-die-Kleinen-ruhig-spielen mitschwingt. Ralph Peterson glaubte uns. Ich hatte mich immer über seine Zerstreutheit amüsiert, aber nun war er in meiner Achtung deutlich gestiegen.

Auf dem Weg ins Restaurant sahen wir den grässlichen Mann zum Glück nicht. Dafür fanden wir das Plakat, auf dem der Auftritt von Gilberto Tango angekündigt war.

"This photo must be **quite** old", stellte Lucy fest und grinste.

Ralph lachte. "He looks like Elvis! **No wonder** your aunt **fell for him**."

Im Restaurant erwartete uns eine Überraschung. Tante Mary hatte sich mächtig in Schale geworfen, weil die Veranstaltung mit ihrem angebeteten Gilberto gleich nach dem Abendessen beginnen sollte. Sie trug ein langes grünes Kleid mit viel Glitzer, war stark geschminkt und hatte sich eine schillernde grüne Feder ins Haar gesteckt. Von den anderen Passagieren wurde sie belächelt, aber Lucy hielt zu ihr.

"Aunt Mary, you look **fantastic**!"

---

quite ziemlich
no wonder kein Wunder
fell for him hat sich in ihn verknallt
fantastic fantastisch

"Oh, darling, you're so sweet. **Keep your fingers crossed** that Gilberto will say **the same** tonight!" Dann kicherte sie wie ein kleines Mädchen.

"You mean you hope he calls you *Aunt Mary*?", neckte Lucy sie und fing sich dafür von ihrer Tante einen Nasenstüber ein.

Mrs Vanderbilt und die Feldstein hatten sich ebenfalls zurechtgemacht, wenn auch nicht so atemberaubend wie Tante Mary. Aber sie schnatterten mindestens genauso viel. Offenbar ging es um ihre eigenen Jugendlieben, wenn ich das in dem Tumult richtig mitbekam.

In unserer Ecke ging es sehr lustig zu und ich dachte nicht mehr an die unangenehme Begegnung vom Mittag, bis der grau gelockte Fiesling ganz in unserer Nähe durch das Restaurant spazierte und mir einen derart finsteren Blick zuwarf, dass sich mir die Haare an den Armen aufstellten.

Keep your fingers crossed. Drück die Daumen.
the same dasselbe

Vom Erdboden verschluckt

"Seltsam, dass unsere Schnatterlieschen noch nicht da sind", wunderte sich Paps am andern Morgen beim Frühstück.
"Gestern war doch der große Tag." Mama grinste zu Paps hinüber. Ich sah sie fragend an. "Na ja, der große Gilberto Tango hatte doch seinen fabelhaften Auftritt."
Paps lachte. "Glaubst du, Groupie Mary ist direkt mit ihm in der Koje verschwunden?" Sein eigener Witz schien ihm sehr gut zu gefallen.
"Was du immer denkst!"
"Ich bin eben ein Mann, mein Schatz!" Paps drückte ihr einen Kuss auf die Lippen.
"Das ist mir nicht entgangen." Mama setzte dieses Lächeln auf, wie immer, wenn sie dachte, wir verstünden sowieso nicht, worum es geht.
Unsere Eltern turtelten weiter und merkten gar nicht, dass der arme Ralph schon nicht mehr wusste, wo er noch hinsehen sollte. Bestimmt dachte er wieder an seine Ex. Ich wollte ihn gern aus seiner unangenehmen Situation befreien, aber Lucy hatte schneller geschaltet.
"Ralph, would you like to go to the pool with us? The weather's nice – we could have a **diving competition**."

---

diving competition Tauchwettbewerb

Dankbar nahm Ralph das Angebot an, nicht jedoch ohne ganz brav unsere Eltern zu fragen, ob sie nicht mitmachen wollten.
“Maybe **a bit** later”, antwortete Paps und grinste anzüglich in Richtung auf Mamas Dekolleté. “We have to go back to our cabin first.”
Oh Mann, Eltern können ganz schön peinlich sein!
Am Pool trafen wir dann auch die vermissten Schnatterlieschen. Offenbar hatten sie diesmal sehr zeitig gefrühstückt. Mittendrin lag Gilberto Tango auf einem Liegestuhl und hielt seinen solariumgebräunten Waschbärbauch in die Sonne. Er schlürfte an einem quietschroten Getränk und auf seiner Nase thronte eine riesige Sonnenbrille. Eine von der Sorte, wie Elvis sie gerne trug. Das jedenfalls hatte Ralph mir ins Ohr geraunt, als wir auf die Truppe zugingen. Ich hätte zu gern meine Digitalkamera gezückt, die ich zum Geburtstag bekommen hatte, doch leider hatte ich sie trotz meiner guten Vorsätze in der Kabine vergessen. Als wir näher kamen, sah ich, dass der gute Gilberto dringend seinen Haaransatz nachfärben müsste, denn es schimmerte deutlich grau unter dem Schwarz hervor.
Die drei alten Ladies schien das jedoch nicht zu bekümmern, sie strahlten unter ihren großen Sonnenhüten um die Wette.

---

a bit ein bisschen

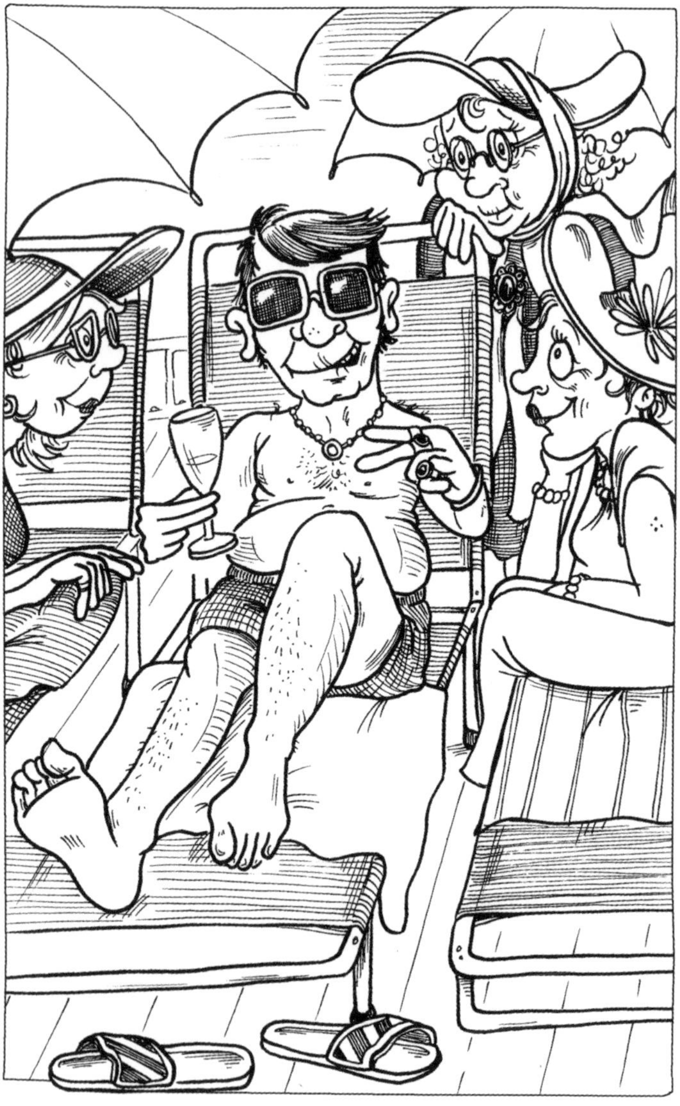

"Good morning, Aunt Mary!", rief Lucy in die Unterhaltung hinein. "I **missed** you. Didn't you have breakfast this morning?"
"Oh, good morning, Lucinda darling!", antwortete sie gespreizt. Ich sah, wie Lucy zusammenzuckte. "May I **introduce** Gilberto Tango?" Dann drehte sie sich zu ihm um. "Gilberto, this is my **niece** Lucinda."
"**Pleased** to meet you, little lady!" Gilberto Tango reichte ihr seine Hand. An den Fingern steckten mehrere Ringe mit dicken Klunkern.
"Hi", sagte Lucy. "You can call me Lucy. **No one** calls me Lucinda, **except** when I do something wrong."
Sie kicherte und Gilberto lachte mit. Da traute sich auch Aunt Mary mitzulachen.
"And **these** are my friends Alina, Leon and Ralph."
Gilberto Tango zwinkerte mir zu.
"Does **anybody** here want to **join in** our diving

---

missed habe vermisst
introduce vorstellen
niece Nichte
pleased freut mich
no one niemand
except außer
these dies
anybody irgendjemand
join in mitmachen bei

competition?", rief Lucy, doch die Vierertruppe schüttelte einmütig den Kopf.
Da rief plötzlich jemand hinter uns: "Yes, me!" Es war Piet, der offenbar gerade Pause hatte, denn er trug eine grüne Badehose und ein Handtuch über der Schulter.
"What about you, Vincent?", fragte er seinen Begleiter, der einen Schritt hinter ihm herging.
"No, **I've got other fish to fry**", murmelte er, ging am Pool vorbei und verschwand in einer Türöffnung.
"What a **charming** man", sagte Leon. "Very friendly."
"I think I know the fish he has to fry." Piet lachte, mochte es aber nicht näher erklären.
"**Come on**, let's go swimming", schlug Ralph vor und Leon und Piet ließen sich das nicht zweimal sagen. Sie warfen ihre Klamotten ab und sprangen ins Wasser, Lucy und ich hinterher.
Den Tauchwettbewerb gewann Ralph haushoch. Hinter ihm lagen Piet und Lucy fast gleichauf.
"When I was young I was a **member** of the diving club. I **took part** in several competitions. I didn't

---

I've got other fish to fry. Ich hab was Besseres zu tun.
charming charmant
Come on. Kommt schon.
member Mitglied
took part habe teilgenommen

know I was **still** good at it, though." Ralph sah sehr zufrieden aus.
Wir machten mehrere Durchgänge und immer gewann Ralph, während ich jedes Mal das Schlusslicht war. Frustrierend.
"Ich kann nicht mehr, ich leg mich jetzt in die Sonne!" Ich kletterte aus dem Wasser und ließ mich tropfnass und außer Atem in einen Liegestuhl plumpsen. Auch Ralph, Lucy und Leon setzten sich patschnass in die Liegestühle neben Gilberto und den drei Ladies. Nur Piet rubbelte sich die Haare trocken, legte sich das Handtuch über die Schultern und wandte sich zum Gehen.
"**Duty calls**", sagte er bedauernd. Er ging und nur seine nassen Fußspuren blieben auf dem Boden zurück.
"Tell me about the show last night", bat Lucy ihre Tante. Ich war beeindruckt, wie schnell die Frage diesen ganz speziellen Glanz in Tante Marys Augen zauberte.
"Oh, it was fantastic! A wonderful show." Sie sah sich in der Runde um und die beiden anderen alten Damen nickten bestätigend.
"Marvellous!"
Gilberto winkte ab.

---

still immer noch
Duty calls. Die Pflicht ruft.

"**I did my best**. But I'm just an old singer now, singing old **songs** in **old people's homes** and on cruise ships." Er lachte tief und glucksend. "But I'm **flattered** that you liked the show." Gilberto Tango deutete eine leichte Verbeugung an. Das sah mit dem dicken Bauch im Liegestuhl sehr lustig aus. "I remember **the good old days** when I had **huge audiences** and thousands of **women screamed** and **fainted** when I **came** on stage." Er seufzte. "Well, that was a long time ago." Gilberto sah ein bisschen deprimiert aus.

Lucy schaltete sich ein. "But you must be happy that you had that **experience**. Think of all the people who've never been successful **at all**."

"Mary, you've got a clever little niece. Good girl."

Er lächelte Lucy zu. In diesem Moment fiel ein Schatten auf Gilbertos Bauch und wir drehten uns

---

I did my best. Ich tat mein Bestes.
songs Lieder
old people's homes Altersheimen
flattered geschmeichelt
the good old days die guten alten Zeiten
huge riesig
audiences Publikum
women Frauen
screamed gekreischt haben
fainted ohnmächtig geworden sind
came kam
experience Erfahrung
at all überhaupt

um. Hinter uns stand ein großer, breitschultriger Mann mit schmutzig blonden Haaren.
“May I introduce Klaus Barumeit? He’s the **bass player** in my band”, stellte Gilberto ihn uns vor.
“Oh, I saw him yesterday”, sagte die Feldstein verzückt. Der Mann mochte etwa halb so alt sein wie sie.
“I have to **disappoint** you, Luise. Klaus is **married** and his wife **is expecting a baby**. He’s waiting for the **phone call**. That’s why he’s been making so many mistakes **lately**.” Gilberto lachte dröhnend.
Klaus Barumeit wirkte in der Tat sehr nervös. Ähnlich wie in den Filmen, wo völlig aufgelöste Väter vor dem Kreißsaal hin und her liefen wie Tiger im Käfig.
“Hast du Jimmy gesehen? Ich wollte mit ihm noch ein paar Riffs durchgehen vor heute Abend.” Offenbar war Jimmy der Gitarrist der Band.
“Na, ich hob’n ach net geseje”, antwortete Gilberto Tango in glasklarem Hessisch. Nicht nur ich war verblüfft, auch die drei alten Damen schauten verdutzt. In diesem Moment begann auf der andern

---

bass player Bassist(in)
disappoint enttäuschen
married verheiratet
is expecting a baby erwartet ein Kind
phone call Anruf
lately in letzter Zeit

Seite des Pools jemand lauthals zu schimpfen, sodass wir alle abgelenkt wurden.
"Oh, Mr X", flüsterte Leon.
"Who?", flüsterte Lucy zurück.
"The unfriendly man. I don't know his name, so I just call him Mr X", erklärte Leon.
Das hatte etwas für sich. Mr X also stand neben einem Liegestuhl, in dem offensichtlich seine Frau lag.
"**What's going on** between you and this **guy**?", rief er, völlig ungeachtet der Tatsache, dass das halbe Deck ihn hören konnte.
"Nothing", beteuerte seine Frau. "I just smiled at him."
"You **slut**!"
"You are **completely crazy**!"
Unvermittelt drehte er sich um und starrte quer über den Pool zu uns herüber. Dann wandte er sich wieder zu seiner Frau, brüllte: "You **wait and see** – **you'll get what's coming to you**!" Und stapfte wutschnaubend zur nächstgelegenen Tür. Rumms!

---

what's going on was läuft da
guy Typen
slut Schlampe
completely völlig
crazy verrückt
Wait and see. Wart's ab.
You'll get what's coming to you. Du wirst schon sehen, was du davon hast.

"Wow, what was that?", meldete sich Ralph, der sich als Erster von seiner Überraschung erholt hatte. "No wonder you were scared of him, Alina."
Rasch legte ich meinen Finger auf den Mund und rollte die Augen. Es war ja nun echt nicht nötig, dass die anderen Erwachsenen Wind davon bekamen, dass wir ihn beschatten … Ach du liebe Zeit! Die Sonne schmilzt einem hier glatt das Hirn weg, dachte ich und bedeutete Leon und Lucy, mir zu folgen.
"Wir holen uns mal was zu trinken", sagte ich laut in die Runde und steuerte auf die Tür zu, hinter der Mr X verschwunden war.
Wir stürmten alle drei hinaus, aber Mr X schien wie vom Erdboden verschluckt. Wir suchten überall in den Gängen nach ihm, fanden jedoch nicht die geringste Spur.
"I don't believe it. It's not possible for him to **disappear** into his cabin in **less** than **half a minute**", empörte sich Lucy. Wir liefen treppauf, treppab, suchten auf und unter Deck, vorn und hinten das Schiff ab, doch er war und blieb verschwunden. Irgendwann gaben wir auf und holten uns tatsächlich etwas zu trinken. An diesem Tag erschien er nicht mehr auf der Bildfläche.
Beim Abendessen vermisste ich die drei alten Damen

---

disappear verschwinden
less weniger
half a minute eine halbe Minute

am Nebentisch. "Lucy, do you know where Aunt Mary might be?"
"I think she's eating **somewhere else**. I didn't ask her but she **was humming** in front of her mirror **as she was getting dressed** this evening. It didn't look as if she **was planning on getting an early night**." Lucy trank einen großen Schluck Mineralwasser und lehnte sich in ihrem Stuhl zurück.
"Uh-oh – your aunt is still in love with Elvis-Gilberto, isn't she?"
"Of course. What language was he speaking with to his bass player?"
"It was a German **dialect**."

"Really? I didn't know he was German."
"He is a **strange** guy, isn't he?"

---

somewhere else irgendwo anders
was humming hat gesummt
as she was getting dressed beim Anziehen
was planning (on) vorgehabt hätte
getting an early night früh ins Bett zu gehen
dialect Dialekt
strange seltsam

Muss Liebe schön sein

Nach dem Abendessen musste ich mich erst mal umziehen, denn ich hatte mir Tomatensoße aufs T-Shirt gekleckert. Den Weg zu unserer Kabine fand ich mittlerweile im Schlaf, ganz im Gegensatz zu Ralph Peterson, der sich immer noch ständig auf den Gängen verlief. Vermutlich würde er bis zum letzten Tag nach seiner Kabine suchen müssen.

Vor Feldsteins Kabinentür stand ein Steward mit einem Tablett in der Hand. Vielleicht fühlte sie sich nicht wohl und wollte im Bett essen. Das würde ihr Fehlen beim Abendessen erklären.

Der Steward sah mich nicht kommen, denn er stand mit dem Rücken zu mir. Er musste sehr in Gedanken versunken gewesen sein, denn er schrak fürchterlich zusammen, als ich an ihm vorbeilief. Ich muss allerdings zugeben, dass ich eine Schleichtaktik angewendet hatte, die ich aus meinen Indianerbüchern kannte.

Als er sich verschreckt umdrehte, erkannte ich Vincent.

“Hallo Vincent”, sagte ich und er schien noch mehr zu erschrecken, gerade so als wäre ich ein Gespenst.

“Geht es Frau von Feldmann-Marquardstein nicht gut?”, fragte ich freundlich.

“Nein. Äh, ja. Ganz recht.”

“Bestell ihr gute Besserung von mir.”

Nachdem ich mir in unserer Kabine ein frisches T-Shirt angezogen hatte, schnappte ich mir noch mein Buch und machte mich wieder auf den Weg zurück ins Restaurant. Als ich in den Gang einbiegen wollte, in dem Tante Marys Kabine lag, bremste ich abrupt ab. Vor ihrer Kabinentür standen Tante Mary und Gilberto Tango. Dieser hauchte ihr gerade einen Kuss auf den Handrücken und flüsterte ihr dann irgendetwas ins Ohr, woraufhin sie kicherte wie ein kleines Mädchen. Au weia!

Ich wollte Tante Mary nicht in eine peinliche Situation bringen, also ging ich auf Zehenspitzen rückwärts bis zur nächsten Biege – wo ich mit Vincent zusammenprallte.

"Hatte Frau von Feldmann-Marquardstein doch keinen Hunger?" Ich deutete auf das Tablett, auf dem noch immer diese Abdeckhaube stand, die man über das Essen stellen konnte, damit es warm blieb.

"Sieht ganz so aus", sagte Vincent barsch und drängelte sich an mir vorbei.

"Trampel", murmelte ich. Da war mir der putzige Pietmuckl schon wesentlich lieber.

Wo steckte der eigentlich? Seit er mich beim Tauchen so deklassiert hatte, war er noch nicht wieder aufgetaucht. Vermutlich musste er noch die Küche aufräumen oder so.

Ich beschloss nachzusehen.

Piet war nicht in der Küche, soweit ich sehen konn-

te. Vielleicht hielt er sich irgendwo im Bereich der Crewmitglieder auf, zu dem Passagiere keinen Zugang hatten. Schade.
So schlenderte ich endlich ins Restaurant zurück. Mama, Paps und Ralph unterhielten sich angeregt über Ralphs Beziehungsdrama. Leon und Lucy hörten zu und schienen sich prächtig zu amüsieren, obwohl das Thema ja alles andere als lustig war.
“Mama hat einen im Tee!” Leon kicherte.
Das ging ja schnell. So lange war ich doch gar nicht weg gewesen.
Auf dem Tisch standen zwei Rotweinflaschen. Eine war leer, die andere fast. Und so wie Mama kicherte, hatte sie wohl das meiste davon getrunken.
“I saw your aunt in front of her cabin”, erzählte ich Lucy die jüngsten Neuigkeiten. “She **was standing** there with a big **smile** on her face because Gilberto Tango was kissing her hand and whispering in her ear.”
“Je oller, je doller”, sagte Leon trocken.

was standing hat dagestanden
smile Lächeln

Rätselhafte Vorkommnisse

Der nächste Vormittag verlief zunächst ereignislos. Wir saßen am Beckenrand des Pools und unterhielten uns. Keine Spur von unserem Finsterling. Allerdings auch nicht von seiner Frau.

"Maybe he'**s killed** her", spekulierte Leon.

"Don't be **stupid**!"

"Well, you never know", verteidigte Lucy meinen Bruder scherzhaft.

"You saw how he **treated** her yesterday, didn't you?", sagte Leon. Aber er merkte, dass er gegen unsere weibliche Übermacht nicht ankam. Er machte eine wegwerfende Handbewegung und dann einen nicht ganz formvollendeten Kopfsprung ins Wasser. Die drei alten Damen, die mit großen Sonnenhüten in ihren Liegestühlen saßen, zuckten zusammen, als sie nassgespritzt wurden.

Die Feldstein klappte das Buch zu, das sie gerade ausgelesen hatte, und erhob sich. "I'm going to go and get **another** book from my cabin."

"Can you **leave** this one here for me?" Mrs Vanderbilt streckte die Hand nach dem Krimi aus.

(has) killed (hat) getötet
stupid blöd
treated behandelt hat
another noch ein
leave lassen

"Of course. Do you want to know who the **murderer** is?", neckte die Feldstein sie.
"**Don't you dare!**"
"Lucy, do you know why Mrs von Feldmann-Marquardstein speaks English? I thought she was the **widow** of a **factory owner** from Berlin." Das wollte ich Lucy schon die ganze Zeit fragen.
"As far as I know they **moved** to England when her husband was still **alive**. They lived there for years – in fact, Aunt Mary **told** me Mrs von Feldmann-Marquardstein still does."
Wir spekulierten eine Weile darüber, was Menschen antreibt, im Alter ihr Land zu verlassen und woanders noch mal ganz von vorne anzufangen, als die Feldstein wieder auf dem Plan erschien. Ihr Gesicht war so weiß wie die Uniformen der Stewards. Sie schnappte nach Luft.
"I don't believe it!" Sie griff sich ans Herz. Lucy sprang auf, nahm sie am Ellbogen und zwang sie, sich zu setzen.
"All my jewellery!", schnaufte sie. Ich hielt die Luft an und hörte gespannt zu, obwohl ich mir schon fast

---

murderer Mörder(in)
Don't you dare! Unterstehen Sie sich!
widow Witwe
factory owner Fabrikbesitzer(in)
moved *hier:* sind umgezogen
alive am Leben
told hat erzählt

denken konnte, was jetzt kam. "All my jewellery **has gone**! Someone **has stolen** my rings, my necklaces – **everything**!"
Tante Mary und Mrs Vanderbilt eilten herbei und legten beschwichtigend die Hand auf die Schulter der völlig aufgelösten alten Dame.
"**Calm down**, **my dear**!", versuchte Tante Mary sie zu beschwichtigen. "This must be a **misunderstanding**. You'**ve** probably just **forgotten** where you'**ve hidden** your jewels. You know you're a bit **forgetful** sometimes." Tante Mary streichelte Frau Von Feldmann-Marquardstein den Kopf wie einem kleinen Kind, um sie zu beruhigen.
Ich versuchte sie ebenfalls zu trösten.
"I'm sure you're just a little **confused**. **After all**, **you didn't feel well** last night."
Die Feldstein blickte fragend auf. Tränen glänzten in

---

has gone ist weg
(has) stolen (hat) gestohlen
everything alles
Calm down. Beruhige dich.
my dear mein(e) Liebe(r)
misunderstanding Missverständnis
(have) forgotten (hast) vergessen
(have) hidden versteckt (hast)
forgetful vergesslich
confused durcheinander
after all schließlich
You didn't feel well. Es ging Ihnen nicht gut.

ihren blassblauen Augen. "But **I was** absolutely fine last night. What gives you that idea?"
"Er … really? I saw that steward bring dinner to your cabin. He told me you were ill or something. I wasn't **surprised**, because you hadn't been in the restaurant for dinner."
"I was in the VIP lounge with Mary, Elizabeth and Gilberto. We had a very nice evening. Why would anybody bring dinner to my cabin?"
"Maybe it was a misunderstanding", sagte Mrs. Vanderbilt.
Aber daran glaubte ich nicht. Nicht nach dem, was nun passiert war. Aber etwas musste ich noch wissen: "Did you still have all your jewellery last night?"
"I'd lost my **clip-on earrings**, that was all. I didn't look for the other things. I was so tired that I just **took off** my necklace and **bracelet** and **left** them in the bathroom. In the morning I **put** them **on** again. And that's all that's **left**." Sie zeigte auf ihr Armband, und als würde ihr das ganze Ausmaß der Katastrophe

---

I was *hier:* es ging mir
surprised überrascht
clip-on earrings Ohrclips
took off habe abgenommen
bracelet Armband
left habe gelassen
put on habe angelegt
left übrig

erst jetzt so richtig bewusst werden, brach sie erneut in Tränen aus.
"**My goodness**, what's happened? I hate seeing women cry!"
"Ralph! You'll never **guess**! All Mrs von Feldmann-Marquardstein's jewellery has gone!"
"Not all of it." Ralph öffnete seine Hand. "Are these yours?"
"Oh, my favourite earrings!" Die Feldstein kreischte, dass ich fast Ohrensausen davon bekam. "They were a present from my husband. Where did you find them?"
"Vincent, one of the stewards, just **gave** them to me. You left them in the VIP lounge yesterday and Gilberto **took** them so no one could steal them. He gave them to Vincent and told him to bring them **straight** to your cabin, but you weren't there."
"Oh, I remember now. They were hurting my ears, so I took them off and **put** them on the table."
Ihre Ohrclips hatte sie nun wieder, aber wo war der restliche Schmuck? Mir gingen so viele Dinge durch den Kopf: Zum Beispiel, dass Piet gesagt hatte, die

---

My goodness! Meine Güte!
guess erraten
gave hat gegeben
took hat genommen
straight direkt
put habe gelegt

alten Damen an Bord würden ihren Schmuck eher in den Kabinen lassen, als ihn im Schiffstresor aufzubewahren, und dass er sich damit sein Boot finanzieren könnte. Und ich dachte an Vincent, wie er am Abend zuvor vor Frau Von Feldmann-Marquardsteins Tür stand. Er hätte den Schmuck leicht unter der Käseglocke aus der Kabine schmuggeln können. Aber wieso hat er dann die Ohrclips zurückgegeben? Und Ralph? Kam der als Dieb auch in Frage? Vielleicht waren die 'vergessenen' Ohrringe nur ein Ablenkungsmanöver? Schließlich mussten Diebe ja nicht zwangsläufig unfreundlich sein.

Bei dem Stichwort fiel mir auch Mr X ein, der uns immer noch nicht wieder begegnet war. Hatte er vielleicht die Finger im Spiel? Wir durften keine Möglichkeit außer Acht lassen. Andererseits war das inzwischen wohl eher ein Fall für die Polizei …

"Shouldn't we call the police?" Offenbar hatte die Feldstein in diesem Moment genau dasselbe gedacht.

"Before we do that, we should look everywhere for your jewellery. It must be here somewhere, **as long as** no one'**s thrown** it **overboard**."

Auf diese Idee war Frau von Feldmann-Marquardstein offenbar noch nicht gekommen, denn bei dem Gedanken daran, jemand könnte ihre teuren Klunker

---

as long as solange
(has) thrown (hat) geworfen
overboard über Bord

auf dem Grund des Atlantiks versenkt haben, jaulte sie auf. Aber wenn sie ihren Schmuck ohnehin nie wieder sah, war es ja eigentlich egal, ob er auf dem Meeresgrund lag oder ob sich jemand anderer daran erfreute, oder? Die Versicherung würde doch in jedem Fall zahlen.

Versicherung!

Unwillkürlich patschte ich mir mit der Hand gegen die Stirn, was mir irritierte Blicke einbrachte. Egal. Damit konnten wir der Liste der Hauptverdächtigen jedenfalls noch eine weitere Person hinzufügen: Frau von Feldmann-Marquardstein höchstselbst! Wie bereits gesagt, wir mussten jeder Spur nachgehen, und Versicherungsbetrug ist ja nicht so selten.

Ich stellte fest, dass es an der Zeit war, über alles ganz genau nachzudenken, und zwar mit Hilfe von Leon, Ralph und Lucy. Doch kaum hatte ich den Gedanken zu Ende gebracht, als mich Leon in die Rippen stieß und zischte:

“Da drüben! Mr X!”

Er verschwand durch eine Tür. Wir brachen überstürzt auf und rannten hinter ihm her, während Lucy bei ihrer Tante blieb.

Nicht schon wieder!

“Eben war er doch noch hier!” Leon fuchtelte mit den Armen in eine nicht näher zu bestimmende Richtung.
“Wo hier?”
“Na da drüben, an der Golfanlage!”
Doch am Abschlagplatz war der Graugelockte nicht zu sehen. Stattdessen stand Gilberto Tango dort und drosch mit einer Wucht auf die unschuldigen Bälle ein, dass ich Bedenken hatte, der Bildschirm könnte diese Behandlung nicht unbeschadet überstehen. Dann wäre auf dem virtuellen Fairway ein echtes Golfloch.
Gilberto bemerkte uns und winkte uns zu sich.
“Did you see that unfriendly grey-haired man?”, fragten wir ihn. “We saw him going this way, but now he’s disappeared.”
“No, I didn’t see anybody. What about him?”
“Nothing. We just want to ask him something.”
“Sollen wir ihm sagen, dass einer seiner Verehrerinnen der Schmuck geklaut wurde?”, wisperte Leon mir ins Ohr, während Gilberto auf dem Bildschirm die Flugbahn seines Golfballs verfolgte.
“Besser nicht. Das soll Madame Doppelname ihm lieber selbst sagen.”
“Was machen wir jetzt mit Mr X?”
“Nichts.” Ich lachte. “Wir finden den jetzt eh nicht.

Schon gar nicht, wenn er nicht gefunden werden will."

Gilberto Tango holte aus und drohte den nächsten Ball zu verhauen. Dann hielt er inne.

"Have you **ever** played golf?"

Wir schüttelten die Köpfe.

"Look. It's not so easy." Er holte aus, drosch auf das arme Bällchen ein und drehte fast noch eine Pirouette hinterher. Zack! Dem Diagramm zufolge wäre der Ball sehr weit geflogen. Aber Gilberto sah unzufrieden aus. "That wasn't good." Er warf frustriert den Golfschläger in die Ecke. "Des werd heut nix", murmelte er, drehte sich um, winkte uns kurz zu und ging aus dem Raum.

"Mist, ich wollte ihn doch noch fragen, ob er sich an die Ohrclips erinnern kann."

"Wieso das denn?"

Es war mir ein wenig unangenehm zuzugeben, dass ich auch Ralph aus dem Kreis der Verdächtigen nicht so ohne Weiteres ausschließen konnte.

"Na ja, wir müssen doch überprüfen, ob Vincent die Wahrheit gesagt hat. Ob er die Ohrclips tatsächlich von Gilberto Tango bekommen hat." Damit hatte ich Ralph elegant aus der Reihe der Verdächtigen herausgehalten.

Aber Leon kapierte nichts. "Vielleicht hat Vincent

---

ever jemals

sie ja selbst auf dem Tisch in der VIP-Lounge gefunden. Dann können wir Tango lange fragen."
"Aber wenn Tango sie nicht dort gefunden hat, weil die Feldstein sie gar nicht in der VIP-Lounge vergessen hat, dann könnte das ein Indiz dafür sein, dass Vincent sie woanders gefunden hat."
Bei 'gefunden' malte ich mit meinen Zeige- und Mittelfingern Gänsefüßchen in die Luft. Da fiel auch bei Leon endlich der Groschen.
"Ach so!", brüllte er. "Du meinst, Vincent hat die Dinger geklaut!"
"Psst!" Die Aerobic-Damen begannen sich wieder zu sammeln und drehten sich schon nach uns um, obwohl wir ein ganzes Stück weit weg standen. "Uns muss doch nicht das ganze Schiff hören! Du verscheuchst den Dieb glatt noch!"
"Schon gut. Na komm, dann lass uns Gilberto noch mal suchen."
Wir wanderten lustlos und frustriert durch das ganze Schiff. Als wir am Casino vorbeiliefen, kam Tango-Elvis gerade heraus. Er sah unsere fragenden Blicke und zog einen Flunsch.
"I had no **luck** with golf, so I thought I'd **try blackjack**." Er drehte die Handflächen nach oben und zog die Schultern hoch. "I'd better go to bed

---

luck Glück
try versuchen
blackjack Siebzehnundvier

and pull the blanket over my head." Er lachte dröhnend. "Maybe I'll feel better **afterwards**. See you later."
"Wieso redet der eigentlich Englisch mit uns? Wo er doch offenbar Deutscher ist?", fragte Leon, als Gilberto außer Hörweite war.
"Das hat bestimmt was mit seinem Image zu tun, Bruderherz. Außerdem verstehen wir sein Englisch wahrscheinlich besser als sein Hessisch." Ich grinste.
"Komm, gehen wir zum Pool", schlug Leon vor. "Dort können wir in Ruhe überlegen, was wir weiter tun wollen. Vielleicht ist Lucy noch da."
Aber an Ruhe war dort nicht zu denken. Das Getöse war womöglich noch lauter als zuvor.
"You won't believe this", begrüßte uns Lucy schon von Weitem. "When Aunt Mary **went** to her cabin to take her jewellery to the safe, hers was gone as well. Someone has stolen her stuff too."

---

afterwards danach
went gegangen ist

Verdächtige Fürsorge

Mitten in Tante Marys Gejammer hinein platzte Gilberto Tango. Wie aus dem Nichts stand er plötzlich in einem quietschbunten Hawaiihemd neben ihr.
"Mary, my dear, tell me, what's happened? Why are you so upset?" Seine Stimme klang sanft wie ein Seidentuch.
"Oh, Gilberto. It's a **nightmare**. All my jewellery has gone! Somebody has stolen it!"
"That's impossible. All the people on board are **respectable**. Who would do something like that?"
"We don't know. But there seems to be someone who's less respectable than you think. Mary's not the only **victim**", erklärte Lucy.
"Yes, my jewellery has gone too." Luise von Feldmann-Marquardstein hatte einen leicht beleidigten Unterton in ihrer Stimme. Vielleicht war sie eifersüchtig, dass Gilberto Tante Mary so ausführlich bemitleidete und ihr eigenes Unglück dabei zu kurz kam.
"We should call the police!" Mary putzte sich energisch die Nase. Offenbar hatte sie ihre Fassung wieder gefunden.

---

nightmare Albtraum
respectable anständig
victim Opfer

"Why don't you **sleep on it** first, my dear? I'm sure everything will look better tomorrow. **Perhaps** all your beautiful jewellery **will reappear** – and if not, there's still **plenty of** time to call the police. We're on board ship. No one can disappear."

"Do you really think that's the best thing to do?"

Tante Mary sah skeptisch aus und auch die Feldstein schien damit nicht allzu glücklich zu sein.

Da fiel mein Blick auf Elizabeth Vanderbilt. Sie blickte mit gesenktem Kopf um sich und druckste herum. Das merkte nur niemand, weil alle um sie herum noch immer in heller Aufregung waren und sich in Spekulationen ergingen.

"Mrs Vanderbilt, are you okay?", fragte ich sie.

"Um … some of my jewellery disappeared **a couple of** days ago as well." Mrs Vanderbilt räusperte sich, es wurde mit einem Schlag mucksmäuschenstill und alle Anwesenden sahen sie erstaunt an.

"Why didn't you tell us?", japste Tante Mary. "It might have helped us. Maybe we **could have prevented** the other **thefts**!" Sie war richtig sauer.

---

sleep on it drüber schlafen
perhaps vielleicht
will reappear wird wieder auftauchen
plenty (of) reichlich
a couple of ein paar
could have prevented hätten verhindern können
thefts Diebstähle

"Don't shout at me. It only makes it **worse**." Mrs Vanderbilt wirkte wie ein kleines Mädchen, das etwas ausgefressen hatte. "As you know, I'm **rather** forgetful. I really thought I'd just forgotten where I'd put it. I **felt** a bit **foolish**, that's why I didn't say anything." Sie blickte zu Boden.

Da nahm Tante Mary Mrs Vanderbilt in den Arm. "Oh, Liza, darling, how could we know? I'm so sorry! **I didn't mean to** hurt you. But you **obviously** didn't lose them – there's a **thief** on board this ship."

"Well, it looks like it."

Gilberto ergriff wieder das Wort: "Ladies, I'd like to invite you to the bar for a cocktail to help with the **shock**."

Die drei Damen nahmen das Angebot dankbar an und trotteten hinter Mr Hawaiihemd her zur Bar.

Ich beobachtete die Szene und war hin und her gerissen. War Gilberto Tango wirklich so nett oder war seine ganze Fürsorge vielleicht nur ein perfekt inszeniertes Ablenkungsmanöver?

---

worse schlimmer
rather ziemlich
felt kam mir vor
foolish töricht
I didn't mean to ich wollte nicht
obviously offensichtlich
thief Dieb(in)
shock Schock

Ein neuer Aspekt

Auf unserem Stammtisch in der Lounge hatten wir Kärtchen ausgelegt, auf denen wir die Verdächtigen notierten. Mr X hatte ich ganz groß auf einer Karte verewigt, Gilberto Tango auf einer anderen und auch Vincent bekam eine ab.

"Don't you think we should write Piet on one of the **cards**, Lina? I know you don't think he had anything to do with it, but he's still a **suspect**", sagte Leon.

"If we do that, we might as well **write down** all the **passengers** and staff. Anybody could be the thief."

Ja, ich gebe zu, ich war ein bisschen beleidigt. Piet! Also ehrlich. Aber Leon hatte natürlich leider recht, es konnte tatsächlich jeder gewesen sein.

Wir schrieben dann noch mehr Leute auf, auch Ralph. Als wir fertig waren, sah es ein wenig so aus, als wollten wir Memory spielen. Wir würden ganz schön in Erklärungsnot geraten, wenn jemand vorbeikäme und fragte, was wir da täten. Also begann ich die Kärtchen einzusammeln.

"What's my name doing on one of your cards?"

---

cards Karten
suspect Verdächtige(r)
write down aufschreiben
passengers Passagiere

Fast wären mir sämtliche Kärtchen aus der Hand gefallen. Diesen Akzent kannte ich. Ich sah hoch und da grinste Pietmuckl mich frech an.
"Äh ..." Mehr brachte ich nicht heraus, denn ich war nicht sicher, ob wir es wagen konnten, ihn einzuweihen. Als ich langsam aber sicher rot anlief, erlöste mich Lucy mit einer eigenmächtigen Entscheidung.
"Lots of jewellery has been stolen on the *Neptun* lately. So we're writing down all the people we know and trying to **work out** who could be the thief."
"And what about all the people you don't know?"
Ich stutzte. Piet schien nicht im Mindesten verwundert zu sein, dass Schmuck weggekommen war und dass wir nach dem Täter suchten. Wusste er alles und steckte womöglich selbst mit drin?
"First of all, you should be doing this somewhere else. What if I were the thief? I'd know all about your plans now."
"No, it's not you", beeilte ich mich zu sagen und fing mir einen missbilligenden Blick von Leon ein. "We just didn't want to **leave** anybody **out**."
Als Antwort grinste er wieder sein unvergleichliches Pietmuckl-Lächeln.

---

work out herauszufinden
leave out auslassen

"Why don't we go to your cabin?", fragte Lucy. "Nobody will ask any questions there."
"That's a good idea", stimmte Leon zu. "Will you join us, Piet?"
Piet nickte. "Okay. I've got some **spare time**."
Mich fragte natürlich niemand.
Wir rafften die Kärtchen zusammen und machten uns wieder einmal auf den Weg über Gänge und Treppen. In unserer Kabine ließen wir uns auf das Bett plumpsen und breiteten die Kärtchen auf dem Boden aus.
"We could throw **darts**", witzelte Leon. "And the one we **hit** is the thief."
Ich sagte ja schon, dass mein Bruder gelegentlich Einfälle hat wie ein Vierjähriger.
Auch Lucy tippte sich an die Stirn. "Come on, be serious. We have to catch the thief to get the jewellery back. Making **jokes** isn't going to help."
Piet saß auf dem grünen Teppich und las sich die Namen auf den Kärtchen aufmerksam durch.
"Ralph?" Piet lachte. "You mean the man who's always asking me the **way**? The one who sits at your table in the restaurant?"

---

spare time Freizeit
darts Pfeile (Darts-Spiel)
hit treffen
jokes Witze
way Weg

"Yes …", sagte ich gedehnt, weil ich nicht wusste, worauf er hinauswollte.
Er lachte schallend. "If Ralph were a thief, he'd always break into the wrong cabins and steal dirty clothes instead of **diamonds**."
"And afterwards he'd get lost and hand over the dirty **laundry** to the captain." Leon prustete los.
Piet sah sich die restlichen Kärtchen an. "Who's Klaus Barumeit?" Den Namen sprach er sehr putzig aus.
"He's the bass player in Gilberto Tango's band", erklärte Lucy.
"But the bass player's name is Peter Falkenberg."

"Are you sure you mean the bass player? Maybe **you're confusing him with** the **guitarist**? What was his name … Jimmy?"
"Okay, I'll tell you what he looks like: brown hair, glasses, jeans and polo-shirt."
Die Beschreibung passte eher auf Klaus Barumeit als auf den Gitarristen, aber Piet beharrte weiterhin darauf, dass der Bassist Peter Falkenberg hieß.
"Last time I worked on the *Neptun* he was playing with Ronald Kranich."
Wenn das der Wahrheit entsprach, hatte Barumeit-

---

diamonds Diamanten
laundry Wäsche
you're confusing him with du verwechselst ihn mit
guitarist Gitarrist(in)

Falkenberg offenbar ein Abonnement für Bands alternder Schlagersänger.
"Are you sure?", hakte ich noch mal nach.
"Absolutely sure. I've got a good **memory** for names and faces."
"But why would he **change** his name?" Leon hatte seine Frage kaum ausgesprochen, da schlug er sich mit der Hand gegen die Stirn. "Of course! **Camouflage**!"
"You may be right." Piet runzelte die Stirn und sah plötzlich sehr ernst und nachdenklich aus.
Mir wollte das alles nicht in den Kopf und auch Lucy sah eher skeptisch drein.
"Why would he do something like this? Why would he **put** his family **at risk**? His wife is expecting a baby – she's going to need him. He won't be any help to her in **prison**."
Piet schaute auf und sah plötzlich gar nicht mehr nach Pietmuckl aus. "**Just a moment** – did you say wife and baby?"
"Yes – why, what's wrong with that?"
"Everything, if you ask me. Okay. I want to **take a**

---

memory Gedächtnis
change ändern
camouflage Tarnung
put at risk aufs Spiel setzen
prison Gefängnis
Just a moment. Moment mal.

good look at Klaus Barumeit. I want to be sure I'm not making a mistake."

"What you are thinking?" Lucy sprach aus, was ich dachte. Ich platzte fast vor Spannung.

"And what about all the other people on board?", fuhr sie fort. "Any of them could be the thief. The chances aren't any better just because we know them."

"That's **true**, but we have to **start** somewhere. So let's begin with the ones we know."

Piet redete ganz so, als wäre er von Anfang an dabei gewesen und stünde nicht selbst auf der Liste der Verdächtigen. Machte ihn das nicht umso verdächtiger?

"Okay then, let's go and look for Klaus Barumeit or **whatever** his name is." Ich raffte die Kärtchen zusammen und steckte sie in die Hosentasche.

Wir beschlossen, es zunächst im Theatersaal zu versuchen, wo die Band normalerweise probte. Der Vordereingang war verschlossen.

"Let's try the **stage door**. I know where it is." Piet lief mit großen Schritten voran.

In letzter Zeit hatten wir ja öfter vergeblich nach

---

take a good look at genauer ansehen
true wahr
start anfangen
whatever wie sonst
stage door Bühneneingang

Leuten gesucht, aber diesmal hatten wir Glück: Tangos Band probte gerade und Klaus Barumeit war mit von der Partie.

"Look at the man on the left, the one playing the bass. That's Klaus Barumeit." Ich deutete auf den Kerl, den ich als Nervenbündel und werdenden Vater kennengelernt hatte.

"And I'm telling you this is Peter Falkenberg", widersprach Piet. "His hair is a **slightly different** colour, but **there's no doubt about it.**"

"I see. So what does that tell us?"

"**Let's get out of here** and I'll tell you." Um sicherzugehen, dass wir nicht belauscht werden konnten, gingen wir zurück in unsere Kabine, wo wir uns auf den Betten verteilten. Lucy und Leon setzten sich auf Leons Bett, Piet und ich auf meins.

---

slightly etwas
different andere
There's no doubt about it. Es besteht kein Zweifel.
Let's get out of here. Los, raus hier!

Und dann ließ Piet die Bombe platzen: "Peter Falkenberg alias Klaus Barumeit is **gay**."
"You're kidding!" Lucy stand der Mund offen. Damit hatte sie offenbar nicht gerechnet. Ich auch nicht.
Leon musste sich darüber natürlich lustig machen: "Ist doch schön, wenn er fröhlich ist."
Und ich fiel prompt drauf herein und erklärte ihm: "Der ist nicht fröhlich, der ist schwul."
"Weiß ich doch. Glaubst du, ich bin blöd?"
"Da enthalte ich mich der Stimme."
Leon stieß einen Grunzlaut an, der zu erkennen gab, dass meine Spitze angekommen war.

So langsam erschloss sich mir dann auch der Sinn von Piets Worten. Wenn Klaus-Peter Barumeit-Falkenberg homosexuell war, wieso tischte er uns dann die Story von Frau und Baby auf?
"You mean the story about his wife having a baby is a **lie**?"
Lucy schien angestrengt nachzudenken. Fast konnte ich die Zahnräder hinter ihrer Stirn rattern hören.
"Well, it looks like it, doesn't it." Piet rieb sich nachdenklich das Kinn. "I saw him kissing his **boyfriend** a few days ago. It's someone you know. His name was on your cards as well."

---

gay schwul
lie Lüge
boyfriend Freund

Geheimcode B

"Who?", fragten wir alle drei wie aus einem Mund, doch Pietmuckl machte sich einen Spaß daraus, uns auf die Folter zu spannen.
"Guess!", war alles, was er sagte.
Wir breiteten die Kärtchen wieder auf dem Fußboden aus und rätselten. Leon, der Scherzkeks, hob das Kärtchen mit Piets Namen auf und grinste.
"It's you."
"No, thanks. Peter's **certainly not** the type of guy that **I'd go for** if I were gay."
"Hm, who else do we have? Gilberto Tango?"
Piet schüttelte den Kopf.
"Ralph?"
"You can't be serious, Lucy. He's just been left by his girlfriend and he's **really miserable** about it."
"Some people are **liars**, Alina. Obviously Klaus Barumeit is one of them. But I don't think Ralph has anything to do with him."
"I **vote** for Mr X!"
"Leon, it's not a reality TV **programme**!"

---

certainly not bestimmt nicht
I'd go for auf den ich stehen würde
really miserable todunglücklich
liars Lügner(innen)
vote stimme
programme Sendung

"Who's Mr X?", fragte Piet.
"Do you remember the unfriendly man who **insulted** his wife at the pool?", fragte ich.
"Piet war doch gar nicht dabei", wies mich Leon zurecht.
"I heard about it." Piet zog die Stirn kraus. Offenbar versuchte er sich in Erinnerung zu rufen, was er gehört hatte. Dann hellte sich seine Miene auf. "Oh yes, I know! He has grey, curly hair and the corners of his mouth **nearly touch** the ground. Just like your **Chancellor**."
Wir kicherten, denn das traf die Sache genau.
"But it's not just that he's unfriendly. **We've seen him** several times **fumbling** at other people's cabin doors", sagte ich.
"**Still**, I don't think he's gay", überlegte Lucy laut und kaute auf einer Haarsträhne herum.
"Now there's only Vincent left", stellte Leon fest.
"Do you remember him saying 'I've got other fish to fry', when you asked him to join our diving competition?", wollte Piet wissen. Ich zumindest konnte

---

insulted beleidigt hat
nearly fast
touch berühren
Chancellor Kanzler(in)
we've seen him fumbling wir haben gesehen, wie er herumgefummelt hat
still trotzdem

mich erinnern. "The fish was the bass player, Klaus Barumeit alias Peter Falkenberg. I'm absolutely sure he went to his cabin."
"Maybe they **were plotting** how to get the jewellery", mutmaßte Lucy.
"Do you think it was **teamwork**?" Darauf war ich noch gar nicht gekommen. Ganz schön clever, wenn das stimmte.
Lucy hob die Schultern. "Who knows?"
"So we've got a lot to do now. We should **shadow** Vincent and Barumeit", fasste ich zusammen.
"And Mr X!", sagte Leon.
"There aren't **enough** of you", stellte Piet fest.
"We have to be well **organized**."
Hm, Lucy hatte gut reden. Es konnte unmöglich jeder von uns rund um die Uhr einen Verdächtigen beschatten. Und Piet musste schließlich arbeiten.
"Wait a minute. What do we have our mobile phones for?" Dass mir das nicht früher eingefallen war!
"Mum and Dad **have forbidden** us to use them here. Calls from abroad are very expensive", gab Leon zu bedenken.

---

were plotting haben ausgeheckt
teamwork Teamarbeit
shadow beschatten
enough genug
organized organisiert
have forbidden haben verboten

"Sure. But this is an **emergency**."
Es stellte sich heraus, dass auch Piet und Lucy Handys hatten und wir tauschten unsere Nummern aus.
Leon hatte noch eine Schnapsidee: "I think we should have a **code word** for this **operation**."
Piet stieg sofort darauf ein. "What about *Code B*?"
"**Sounds** great. **Kind of** like James Bond." Leon war mal wieder in seinem Element. "Code B: Agent A, this is Agent L calling. Suspect X is **on the run**. Catch him **dead** or alive!" Dabei schnitt er lauter schräge Grimassen, sodass Lucy und Piet sich vor Lachen den Bauch hielten, ich dagegen kannte Leons Vorstellungen ja schon zur Genüge.

"Let's go for dinner first."

Als die dampfenden Schüsseln mit Kartoffeln, Blumenkohl und Schnitzel vor mir auf dem Tisch standen, merkte ich erst, dass ich eine Ewigkeit nichts gegessen hatte. Mit Wonne goss ich mir flüssige Butter über die Kartoffeln und sog den Blumenkohlduft in die Nase. Ah, das tat gut!

---

emergency Notfall
code word Codewort
operation Einsatz
sounds klingt
kind of irgendwie
on the run auf der Flucht
dead tot

Ich führte gerade die Gabel zum Mund, als ich den Schatten neben mir bemerkte. Ich sah hoch und blickte in die Augen von Mr Xs Frau.
"I'm sorry to disturb you at dinner", grüßte sie in die Runde. "I wanted to ask you whether you've seen my husband."
Mama sah kurz auf, sägte aber weiter an ihrem Schnitzel herum. "Not lately." Sie sah Paps an und fragte: "Hast du ihn gesehen, Schatz?"
Paps kaute mit vollen Wangen und schüttelte den Kopf. Das erinnerte mich daran, dass ich ja die Gabel in den Mund stecken wollte, und tat das dann auch endlich. So recht genießen konnte ich das Essen aber nicht, denn Mrs X ließ sich nicht so schnell abwimmeln.
"When did you see him? As I said, I'm sorry to **bother** you, but he's been gone **for** hours."
Wir sahen uns betreten an.
"I know that you saw him shouting at me **beside** the pool. But actually he's a very nice man; it's just that he's so **jealous**."
Einspruch. Als lieben Kerl konnte ich mir diesen Muffelkopp nun wahrlich nicht vorstellen, schon gar nicht nach meiner Begegnung mit ihm.

---

bother stören
for seit
beside neben
jealous eifersüchtig

"Whenever I look at **another** man he always thinks I'm in love with him", fuhr Mrs X fort. "That's why at first I was quite **relieved** to be left in **peace** for a while. But now I'm really **worried**. He**'s** never **done** anything like this."
Lucy, Leon und ich warfen uns vielsagende Blicke zu. Hatte Mr X vielleicht doch mehr mit dem Schmuckdiebstahl zu tun, als wir ursprünglich angenommen hatten? Immerhin hatte er an Türen gelauscht und sich sehr merkwürdig benommen, als er die eine Kabinentür öffnete.
"I saw him this morning", antwortete ich wahrheitsgemäß. Das war der Moment, als wir ihn irgendwo in der Nähe der Golfanlage aus den Augen verloren hatten.
"Thank you. I was hoping someone had seen him later in the day, but I can't find anybody."
Nach dem Essen rotteten wir uns sofort wieder zusammen.
Lucy lachte verächtlich. "Mr X a nice guy? Pah! **Tell that to the marines!**"

---

another einen anderen
relieved erleichtert
peace Frieden
worried besorgt
(has) done (hat) gemacht
Tell that to the marines! Das kannst du deiner Großmutter erzählen!

"I don't believe it either", stimmte ich zu. "Remember how he treated the **melon man** in Funchal?"
"Okay, let's think hard. Why is Mr X **missing**? Where is he? **Has he fallen** overboard? Is he sitting in a **hiding place** and **taking care of** all the stolen jewellery? Any other ideas?" Leon blickte sich in unserer kleinen Runde um.
"I've no idea", antwortete ich wahrheitsgemäß. "Actually I was happy not to see him all day."
Schade, dass Piet nicht da war. Er schien stets ganz brauchbare Ideen zu haben.
"I think we should **stick to** our plan", schlug Lucy vor. "We have to shadow Klaus Barumeit and Vincent. Mr X has to wait. I'm not sure **anyway** whether he's involved. If we do see him, we can tell his wife."
"Good idea. **Let's go**."

---

melon man Melonenmann
missing verschwunden
has he fallen ist er gefallen
hiding place Versteck
taking care of passt auf … auf
stick to bei … bleiben
anyway sowieso
Let's go. Los geht's.

Was nun?

Der Gang war dunkel und offenbar eine Sackgasse, soweit wir das erkennen konnten. Jedenfalls war nicht zu sehen, ob er am Ende weiterführte. Wir wagten kaum zu atmen. Ich hoffte inständig, dass wir rechtzeitig merken würden, wann unser Objekt aus dem Zimmer kam, damit wir schnell genug in dem Raum gegenüber verschwinden konnten, hinter dessen angelehnter Tür wir uns versteckt hielten.
Es war ein echter Glücksfall gewesen, dass wir Vincent gesehen hatten, als er gerade in einer Tür unter einer Treppe verschwand. Ein paar Sekunden später wären wir einfach daran vorbeigelaufen und hätten vergeblich nach ihm gesucht.
Angestrengt starrte ich durch den schmalen Türspalt in die Dunkelheit, bis mich plötzlich etwas blendete. Der Lichtschein von Vincents Taschenlampe traf auf die Tür, die tatsächlich fast am Ende des Ganges lag.

Ich kniff die Augen zu, und als ich sie wieder öffnete, stand auch die Tür zu dem Raum gegenüber ein Stück offen. Vincent öffnete sie ganz und eine Abstellkammer kam zum Vorschein. So etwas in der Art hatte ich schon erwartet.
Was wir alle nicht erwartet hatten, war, dass dort auf einem Stuhl Mr X saß. Gefesselt und geknebelt!
Lucy entfuhr ein Laut des Erschreckens und sie presste sich rasch die Hand auf den Mund. Vincent schien etwas gehört zu haben, denn er hielt in seiner Bewegung inne und lauschte. Nach einiger Zeit kam er offenbar zu dem Schluss, dass er sich verhört haben musste. Er nahm Mr X den Knebel ab, worauf dieser ihn mit wüsten Flüchen bedachte und zu schreien begann.
Vincent hielt ihm den Mund zu. Kurz darauf schrie er auf. "Mistkerl, verdammter! Hat der mich glatt gebissen! Listen, you: as long as you **behave yourself**, nothing will happen to you. But if you don't, I'll break your neck!"
Mr X schien das trotz seiner misslichen Lage nicht sehr zu beeindrucken, denn er schimpfte weiter.
"You can shout **as much as** you like. Nobody will hear you **down here**. Actually, I was going to give you something to eat, but if you don't want it ..."

---

behave yourself dich benimmst
as much as so viel (wie)
down here hier unten

"Yes, please!" Offenbar begriff Mr X jetzt doch den Ernst der Lage und machte brav den Mund auf, um sich füttern zu lassen.

Als er fertig war, knebelte Vincent Mr X erneut und schloss die Tür.

Ich kam mir vor wie in einem Albtraum. Szenen wie diese kannte ich bislang nur aus Fernsehserien, aber das hier war einwandfrei die Wirklichkeit.

Wir verdrückten uns in dem Zimmer nach hinten, bevor Vincent sich umdrehte und die Tür gegenüber schloss. Wir hörten, wie sich seine Schritte auf dem Gang entfernten. Plötzlich verstummten sie – und kamen wieder näher. Wir hielten die Luft an.

Ich dachte, ich müsste sterben, als die Tür zu unserem Zimmer langsam von außen aufgedrückt wurde und der Lichtkegel der Taschenlampe durch den Raum huschte. Wir standen dicht gedrängt hinter einem Schrank, wo er uns nicht erreichte. Ich schloss die Augen und betete, er möge nicht genauer nachsehen. Das Beten half. Vincent war offenbar nicht von der gründlichen Sorte und gab sich mit dem ersten Augenschein zufrieden. Er zog die Tür zu und wir atmeten alle drei auf.

Doch dann folgte das hässlichste Geräusch, das ich je gehört habe: die Drehung eines Schlüssels im Schloss und das damit verbundene Quietschen eines Riegels. Die Schritte entfernten sich. Wir saßen in der Falle.

S.O.S. an Bord

Es herrschte Totenstille.
Leon fand als Erster die Sprache wieder: "Habt ihr gehört, was ich gehört habe? Der hat uns doch nicht etwa eingesperrt?"
Er wartete die Antwort nicht ab, sondern tastete sich zur Tür, drückte die Klinke herunter und rüttelte daran. Die Tür war verschlossen.
"Hier muss doch irgendwo ein Lichtschalter sein."
Leons Hand patschte suchend gegen die Wand, bis auf einmal eine Neonleuchte aufflackerte.
Wir standen in einem Büro. Der Schrank, hinter dem wir uns versteckt hatten, war ein grauer Stahlschrank, wie er für Aktenordner benutzt wird. Auf dem Fußboden lagen Teppichfliesen aus braunem Nadelfilz. Ein Schreibtisch stand quer im Raum, von der gleichen Farbe wie der Stahlschrank. Offenbar wurde das Büro nicht mehr genutzt, denn Schrank und Schreibtisch waren leer. Nur eine einsame Büroklammer lag in der hintersten Ecke einer Schreibtischschublade.
Ich nahm die Büroklammer gedankenverloren zur Hand und drehte sie zwischen den Fingern. Dann setzte ich mich auf den Schreibtisch und starrte erst auf die Tür, dann auf Lucy und Leon. Der Schock saß uns allen in den Gliedern. Lucy war bleich wie die Wand hinter ihr.

Um Hilfe zu rufen, hatte keinen Zweck. Hier kam keiner hin. Außer Vincent natürlich, aber wenn der uns hier fände, würde möglicherweise noch Schlimmeres passieren. Die Büroklammer in meiner Hand musste schon Schwindelanfälle haben, so schnell, wie ich sie drehte.

"That's it!", rief Lucy plötzlich, kam auf mich zugelaufen und nahm mir die Klammer aus der Hand. Sie bog sie auseinander und ging damit zur Tür. Dann stocherte sie mit dem Draht im Schlüsselloch herum.

"**Damn!**", sagte sie, nachdem sie eine Weile vergeblich versucht hatte, die Tür damit zu öffnen. "It **doesn't work**."

"Let me try." Aber auch Leon hatte keinen Erfolg und ich ebensowenig.

Ich hätte vor Wut heulen können. Nein, wenn ich ehrlich bin, dann tat ich das auch. Ein paar Tränen kämpften sich den Weg in meine Augen und meine Nase begann zu laufen. Ich suchte in meiner Jeans nach einem Taschentuch, und ...

"God, I'm so stupid", rief ich. Ich zog die Hand aus der Tasche und hielt mein Handy hoch. "Why didn't I think of this earlier? We can just call Piet and tell him to come and **set** us **free**."

Damn! Verdammt!
doesn't work geht nicht
set free befreien

"Wow, you're a great detective, aren't you", kommentierte Leon trocken.
"So what about your mobiles?", fragte ich. Angriff war noch immer die beste Verteidigung. "Where are they? We always have to carry them with us when we're shadowing a suspect, remember?" So recht konnte ich immer noch nicht fassen, dass ich nicht gleich an den elektronischen Helfer gedacht hatte.
"Mine **is recharging**", erklärte Leon. "The **battery** was **dead**."
"I'm afraid I left mine in the jacket in my cabin."
"Wow, you're great detectives, aren't you", rächte ich mich. Gut, dass ich wenigstens meines dabei hatte. Ich klickte das Adressbuch an und wählte Piets Nummer. Hier handelte es sich eindeutig um einen Notfall, der ein teures Telefonat rechtfertigte.
"The person you have called is **temporarily unavailable**."
"Damn! Piet's mobile is off."
"Call Mum or Dad", riet Leon.
"Are you crazy? When they hear why we're here they won't let us **out of their sight** for the rest of

---

is recharging wird wieder aufgeladen
battery Akku
dead *hier:* leer
temporarily unavailable vorübergehend nicht erreichbar
out of their sight aus den Augen

the **trip**. Then we'll never find out who **stole** Aunt Mary's jewellery."

Das Argument zog. Leon schwieg.

"I'm going to **send** Piet a **text message**. **Sooner** or later he'll **switch on** his mobile again. And if he doesn't we can still call Dad."

Ich tippte: *Help us! We're **trapped** in an empty **office** in a **corridor** under the stairs on deck 3. Mr X is also trapped, **tied up** and **gagged**. Watch out, Vincent is the **kidnapper**. Alina*

Ich hoffte inständig, dass Piet kapierte, wo wir waren. Ich wusste nicht, wie ich es besser beschreiben sollte.

Ich klickte auf *Senden*. Und bekam eine Fehlermeldung: *Senden nicht möglich. Kein Netz.*

"Das kann nicht wahr sein, oder? Eben hatte ich doch ein Netz!"

Ich rannte wie aufgescheucht durch das kleine Büro,

---

trip Reise
stole gestohlen hat
send schicken
text (message) SMS
sooner früher
switch on einschalten
trapped gefangen
office Büro
corridor Gang
tied up gefesselt
gagged geknebelt
kidnapper Entführer(in)

hielt das Handy hierhin und dorthin. Endlich schlug der Pegel wieder aus und ich klickte auf *Erneut senden.*
Die Sekunden verrannen. Dann endlich die Meldung: *Gesendet.*
Schwein gehabt! Jetzt hieß es abwarten. Und warten. Und warten. Die Zeit verging im Schneckentempo. Irgendwann hielt ich es nicht mehr aus. Ich wählte Piets Nummer erneut.
"Hi!"
"Piet! It's Alina. Did you get my text?"
"Hi, Peter, yes, I'm fine, thanks. I'm afraid I'm busy at the moment. I'll call you back later. Will you still be **at home** in half an hour?"
"What the hell …?"
"Yes, fine. Bye!"
Dann war die Verbindung unterbrochen.
Ich nahm das Handy vom Ohr und starrte darauf, als könnte ich auf dem Display die Antwort auf meine Fragen finden.
"What did he say?", fragte Lucy.
"He called me Peter", sagte ich fassungslos. "And he **didn't answer** my question."
"Peter? Wasn't that the other name of Klaus Barumeit? Peter Falkenberg?"

---

at home zu Hause
didn't answer hat nicht beantwortet

"Yes, that's right." Ich überlegte fieberhaft. Vielleicht wollte Piet mir damit sagen, dass er nicht reden konnte, weil Klaus Barumeit neben ihm stand? Ich war mir inzwischen fast sicher, dass Vincent und Barumeit unter einer Decke steckten. Mr X war ziemlich groß und kräftig und Vincent konnte ihn unmöglich allein in diese Kammer geschleppt und gefesselt haben.

Gefühlte fünf Stunden später hörten wir Schritte auf dem Gang. Wir drängten uns wieder hinter dem Schrank zusammen, denn wir konnten ja nicht wissen, wer da kam. Sollte es Vincent oder Barumeit sein, hatten wir geplant, uns gemeinsam auf ihn zu stürzen und ihn umzurennen. Zu dritt könnten wir das schaffen, wenn wir den Überraschungsmoment ausnutzten.

"Alina, are you **in there**?"

Es war mehr ein Flüstern auf der anderen Seite der Tür, aber wir waren so froh, dass wir alle Vorsicht vergaßen.

"Piet! Yes, we are! You have to open the door for us."

"Ssssh! Someone might hear us."

Es kratzte und raschelte am Schloss.

"Shit!" Piet musste abgerutscht sein.

"Haven't you got a key?", fragte ich.

---

in there da drin

"A key? No, but **don't worry**. **I'm picking the lock** with a **kebab skewer**."
Er musste noch eine ganze Weile herumprobieren, zumindest kam es mir wie eine halbe Ewigkeit vor. Endlich knackte es einmal, dann noch einmal und die Tür sprang auf. Piet hielt einen vorn umgebogenen Schaschlikspieß in der Hand und grinste.
"**Did it!** Let's get out of here as fast as we can. I'm sure Peter Falkenberg will be coming in a few minutes."
"We can't go **without** Mr X."
"Where is he?"
"**Over there!**" Ich deutete auf die Tür gegenüber.

Don't worry. Mach dir keine Sorgen.
I'm picking the lock. Ich knacke das Schloss.
kebab skewer Schaschlikspieß
Did it! Geschafft!
without ohne
Over there! Da drüben!

"Okay, I'll have to pick the lock again. I've only ever seen it done on television."
"You must tell our parents that you can learn important **skills** from watching television." Leon grinste. Es war mir ein Rätsel, wie er so schnell schon wieder Witze machen konnte. Immerhin war er die ganze Zeit sehr still gewesen für seine Verhältnisse.
"Hello, is anybody in there?"
Aus dem Raum drang ein halb ersticktes Grummeln und jemand trat von innen gegen die Tür.
"We'll try to get you out, but I can't **promise** it'll work."
Doch mittlerweile hatte er schon Übung und bekam die Tür in Nullkommanichts auf.
"One moment, please", sagte ich und schoss noch zwei Beweisfotos: Eine Nahaufnahme von dem geknebelten und gefesselten Mr X und ein Foto aus etwas größerer Entfernung, damit man auch die Kammer erkennen konnte.
Endlich konnten wir Mr X von seinem Stuhl losbinden und ihn von dem Knebel befreien.
"Thank you. I thought I was going to **die** in there." Mr X rieb sich die Arme und Beine.
"We must **get away** before Vincent comes back",

---

skills Fertigkeiten
promise versprechen
die sterben
get away verschwinden

sagte ich. "You can hide in our cabin; he won't look for you there."
"Why not go straight to the captain?"
"Because we want to catch Vincent. If you come with us we'll tell you everything. Then you can help us decide what's the best thing to do."
Mr X schien nicht sonderlich darauf erpicht zu sein, mit uns 'Drecksgören' mitzugehen. Andererseits konnte er seinen Befreiern diese Bitte schlecht abschlagen.
"Okay", brummte er. "Let's go."
Wir rannten den Gang hinab. Mr X humpelte ein wenig, vermutlich, weil er so lange am Stuhl festgebunden war. Am Ende des Gangs öffneten wir die Tür unter der Treppe und wollten nach rechts abbiegen.
"Ssshhh!" Ich blieb stehen und legte den Finger auf den Mund. Da redete jemand und die Stimmen wurden lauter.
"**That way!**" Wir wandten uns nach links und rannten, bis wir in einen belebten Teil des Schiffs gelangten. Dort liefen wir bis zu unserer Kabine.
"Sit down, Mr ..." Fast hätte ich Mr X gesagt, ich konnte mich gerade noch bremsen.
"Lawson. Charles Lawson." Er suchte in seiner Jackentasche nach einem Taschentuch und wischte sich den Schweiß von der Stirn. Dabei schnaufte er wie ein Walross nach einem Marathonlauf.

That way! Da lang!

"Thank you. I guess I **owe** you something."
Irgendwie fand ich das ja auch. Mehr Freundlichkeit im Umgang mit anderen Menschen zum Beispiel.
"Wait a moment", unterbrach ich ihn, weil ich fast platzte vor Neugier. "Piet, what happened when I called you?" Das musste ich unbedingt noch wissen.
"I couldn't talk because Peter Falkenberg was standing right in front of me."
"Who's that?", wollte Mr X wissen. Ich musste mich wohl erst noch daran gewöhnen, dass er Lawson hieß.
"We know him as Klaus Barumeit. He's the bass player in Gilberto Tango's band", erklärte Lucy.

"Gilberto Tango – that's the singer, right?" Mr X, ich meine, Mr Lawson war nicht anzumerken, ob er ihn gut oder schlecht fand. Wenn man in sein Gesicht sah, wirkte durch die hängenden Mundwinkel alles gleich negativ.
"Yes", antwortete Lucy. "And the bass player's friend is the guy who **locked** you **up** in that little room. Do you know why?"
"I was looking for my wife. I always have to keep an eye on her, you know. And a **trolley was blocking**

---

owe schulde
locked up eingesperrt hat
trolley Teewagen
was blocking versperrte

the **aisle** in front of a cabin door. Just as I wanted to **go past**, **a member of staff** came out of the cabin with **a handful of** jewellery and put it into a bowl on the trolley. I asked him what the hell he was doing, but he hit me and **knocked me out**. When I **woke up I found myself** in that room, tied up and gagged. I've no idea how I got there."
"On the trolley, probably", sagte Leon.
"I'm sure we'll find out", meinte ich.
"You? Are you crazy? We should tell the police as soon as possible." Mr Lawson stand auf und schickte sich an zu gehen.
"I know you think we're just silly kids", entgegnete ich. "Dirty brats – remember?" Ich war sauer. Mr Lawson brummte nur. "But we've found out a lot." Ich sah Piet an, der noch einmal die Geschichte von Peter-Klaus erzählte. Mr Lawson setzte sich wieder.
"If we tell the captain now, they'll just **deny** everything", versuchte ich die andern zu überzeugen.

---

aisle Gang
go past vorbeigehen
a member of staff jemand von der Crew
a handful (of) eine Hand voll
knocked me out hat mich bewusstlos geschlagen
woke up aufgewacht bin
I found myself fand ich mich wieder
deny bestreiten

Und Lucy unterstützte mich. "Yes, you're right. I'm sure they've got the jewellery well hidden, so we won't have any **proof**. If they'**re arrested** it'll just be one person's word against another's, and nobody will believe us kids. They'll say Alina's photographs **were posed**."

"That's why we have to hand him over to the police as he's leaving the ship with all the jewellery in his suitcase", erklärte ich.

"So what are you going to do?", fragte Mr Lawson.

"We'**ll keep shadowing** him", sagte ich entschlossen.

Mr Lawson sah uns skeptisch an und schüttelte den Kopf. "Well, I don't think it's a good idea. But I do owe you something, because you **rescued** me. So do what you think is best. And now I'm going to look for my wife." Er stand wieder auf.

Aber Lucy dachte mit: "Wait! If you go about on your own, they might **kidnap** you again. We'll go with you. It's important that you're never **alone** as long as you're on this ship."

---

proof Beweis
(are) arrested verhaftet (werden)
were posed gestellt sind
will keep shadowing werden weiter beschatten
rescued haben gerettet
kidnap entführen
alone allein

Der Anruf

"Gilberto! Gilberto!"
Klaus Barumeit, oder wie auch immer er hieß, brüllte das halbe Schiff zusammen: "I got the phone call! My wife **is in labour**! I've got to leave the ship!"
"You're lucky", sagte ein anderer Passagier zu ihm. "We **arrive** at Cadiz in a few hours."
"That's **perfect**! I'll take the next **flight** home."
Barumeit zappelte von dannen.
Lucy und Leon hefteten sich an seine Fersen. Piet und ich würden an geeigneter Stelle übernehmen. Wir hatten unsere Handys gezückt und meine Digitalkamera hatte ich auch dabei, denn ich wollte unbedingt weitere Beweisfotos schießen, wenn sich eine Gelegenheit ergab.
Auffälliger konnte Barumeit sein Verschwinden kaum noch inszenieren. Aber der Trick war ziemlich gut. Wer würde es einem werdenden Vater übel nehmen, dass er mitten auf einer Kreuzfahrt von Bord ging?
Plötzlich beschlich mich ein schrecklicher Gedanke: Was, wenn Piet sich doch irrte? Wenn Klaus Baru-

---

is in labour liegt in den Wehen
arrive ankommen
perfect perfekt
flight Flug

meit Klaus Barumeit war und nicht Peter Falkenberg? Oder wenn die beiden zwar identisch waren, Barumeit aber trotzdem gerade Vater wurde und Vincent das Ding allein gedreht hatte? Schließlich hatten wir Barumeit nie bei irgendetwas erwischt. Vielleicht stimmte es gar nicht, dass die beiden was miteinander hatten?

Bei dem Gedanken daran, dass wir einen möglicherweise Unschuldigen in eine peinliche Situation bringen und den Schuldigen gleichzeitig damit warnen könnten, wurde mir ganz flau. Vielleicht sollten wir nun doch Gilberto informieren? Mein Heldenmut war verschwunden, und zwar restlos. Und das, wo wir gegenüber Mr Lawson so rumgetönt hatten, wir müssten den Dieb unbedingt *in flagranti* erwischen und die Polizei heraushalten. Hoffentlich blamierten wir uns nicht bis auf die Knochen.

Der Koffer

"Du wolltest doch nicht etwa gehen, ohne dich zu verabschieden?" Gilberto stellte sich seinem Bassisten in den Weg, als der in Cadiz das Schiff verlassen wollte. Und diesmal sprach er einwandfreies Hochdeutsch.

"Tut mir leid, das war keine Absicht. Du weißt, dass ich schnell einen Flug bekommen will, wieso hältst du mich auf?"

"Weil du ein Lügner bist."

"Also bitte, ich hab jetzt wirklich keine Zeit, mir so einen Unsinn anzuhören."

"Doch, die hast du. Und du wirst dir noch einiges mehr anhören." Gilberto winkte mich heran. Barumeit wollte sich an Gilberto vorbeidrängeln, doch der hielt ihn fest und schob ihn zurück.

"Alina, dein Auftritt."

Ich hatte plötzlich Angst, meine Stimme könnte versagen. Schließlich unterstellt man nicht jeden Tag jemandem den Diebstahl diverser Juwelen.

"Herr Barumeit, oder sollte ich lieber sagen, Herr Falkenberg?"

Barumeit ließ sich nichts anmerken.

"Wir haben Grund zu der Annahme, dass sich in diesem Koffer die Juwelen mehrerer Damen befinden, die hier an Bord sind." Diese Formulierung hatte ich mir aus den Fernsehkrimis abgelauscht und

vorher lange geübt. “Außerdem haben Sie und Vincent Mr Lawson geknebelt und gefesselt und stundenlang in eine Abstellkammer gesperrt. Und Sie haben weder eine Frau, noch werden Sie Vater.”
Barumeit plusterte sich auf. “Das ist doch lächerlich! Was ist das hier? Ein Kasperltheater?”
Mittlerweile hatte sich eine kleine Menschenmenge um uns herum versammelt. Die drei alten Damen waren dabei, Ralph Peterson und nicht zuletzt unsere Eltern, die fassungslos mit angehört hatten, was ich zu Barumeit gesagt hatte.
“Nein, Klaus, das ist kein Kasperltheater, das ist bit-

terer Ernst. Wir können das alles beweisen. Und ich gebe dir eine Chance. Ich schätze dich als hervorragenden Bassisten. Wenn du diesen Koffer öffnen und den Damen ihren Schmuck zurückgeben würdest, fiele deine Strafe sicher weniger hart aus."

Barumeit blickte gehetzt um sich. Plötzlich machte er einen Satz und versuchte, vom Schiff zu stürmen. Er rannte Gilberto Tango um und lief über die Gangway, die zum Kai führte, nach unten. Gilberto, Lucy, Leon und ich hinterher. Weit kam er nicht, denn am unteren Ende der Gangway nahm ihn bereits die Polizei in Empfang.

Gilberto wandte sich an den Polizisten und sagte etwas auf Spanisch zu ihm. Der Mann schien ein wahres Sprachgenie zu sein, denn der Polizist schien zu verstehen, was er sagte. Er nickte und ließ Gilberto mit Barumeit sprechen.

"Sag mir nur eines: Wieso?", fragte Gilberto. Dabei sah er Barumeit ernst an.

"Das Casino." Barumeit blickte zu Boden. "Die verdammte Spielerei."

"Und warum hast du den Küchenjungen da mit hineingezogen?"

"Er hatte durch einen Zufall mitbekommen, wo der Generalschlüssel aufbewahrt wird. Und er wusste von den Zimmermädchen, wer seinen Schmuck in der Kabine versteckt."

"Ihr seid mir ja ein schönes Gespann. Ich kann dir

nur einen Rat geben: Begib dich in eine Therapie wegen deiner Spielsucht. Du bist ein guter Musiker – es wäre schade drum, wenn dir nur noch deine Knastbrüder zuhören könnten."
Barumeit antwortete nicht. Er musste sich in den Polizeiwagen setzen und wurde weggefahren. Wir gingen zum Schiff zurück, wo gerade auch Vincent abgeführt wurde. Mit finsterem Blick ging er auf der Gangway an uns vorbei.
An Bord mussten wir erst der Polizei einige Fragen beantworten, dann brach der Ansturm unserer Eltern über uns herein.
"Kinder, wieso habt ihr denn nichts gesagt?", fragte Mama immer und immer wieder.
"Hättet ihr uns die beiden vielleicht weiter beschatten lassen?", fragte Leon skeptisch.
"Natürlich nicht! Da hätte ja sonst was passieren können!"
"Eben deshalb."
Und ich ergänzte: "Es ist aber nichts passiert, außer dass wir eine Weile in einem Büro eingesperrt waren. Und ohne uns hätten Tante Mary, Mrs Vanderbilt und Frau von Feldmann-Marquardstein ihren Schmuck niemals wiedergesehen."
"Your children were fantastic! We're so **grateful**.

---

grateful dankbar

Please don't **tell** them **off**", mischte sich Mrs Vanderbilt ein. "I think we should all go to the restaurant and have a party!"
Wir bekamen alle eine Riesenportion Eis und aßen so viel, bis wir nicht mehr konnten. Ein ums andere Mal mussten wir erzählen, wie wir in der Abstellkammer eingesperrt waren und wie wir Mr Lawson befreit hatten. Und mit jeder Wiederholung – vielleicht auch mit jeder Kugel Schokoladeneis – wurde Leons Version abenteuerlicher.
"It was **pitch dark** and there were horrible **noises** all around us. It was **freezing cold** and we were hungry and thirsty, but no one came to set us free. When Piet **finally** arrived we nearly killed him because we thought it was Klaus Barumeit. We found Mr Lawson sitting on his chair half-dead …"
"Leon, **stop exaggerating**!" Lucy musste einschreiten. "I'm waiting for pirates to come into your story."
"Now that you **mention** it …"

---

tell off schimpfen
pitch dark stockdunkel
noises Geräusche
freezing cold eiskalt
finally endlich
Stop exaggerating! Hör auf zu übertreiben!
mention erwähnst

Abschied

Während der nächsten Tage war es fast ein bisschen öde auf dem Schiff, weil rein gar nichts los war. Wir mussten niemanden beschatten, wir mussten uns vor niemandem verstecken. Stattdessen beschlossen wir, uns die Zeit dann doch mit Sport zu vertreiben. Natürlich waren wir viel im Pool und bestritten auch noch den einen oder anderen Tauchwettbewerb. Leider machte Ralph nur selten mit, dabei machte es mit ihm immer besonders viel Spaß. Aber irgendwie war er nie aufzufinden.

"Maybe he has a new girlfriend", mutmaßte Lucy.

"Do you think so? I didn't see any women who would **suit** him", sagte ich skeptisch. Aber man konnte nie wissen – die Liebe ging oft seltsame Wege, sagte Mama immer.

Nun hatte ich auch endlich Zeit zu lesen und im Liegestuhl zu braten. Bräunungstechnisch war da einiges aufzuholen.

Es nahte der Abend, an dem Gilberto Tango seine Abschiedsvorstellung gab. Am Tag darauf sollte auch für uns die Reise zu Ende gehen. Tante Mary und ihre Freundinnen waren sichtlich betrübt darüber.

An dem Abend saßen wir mit unseren Eltern, Tante Mary, Mrs Vanderbilt und Frau von Feldmann-

---

suit zu … passen

Marquardstein in der ersten Reihe des Bordtheaters. Gilberto war voll in Form. Langsam konnte ich mir schon ein bisschen vorstellen, wie er in seiner Jugend auf Frauen gewirkt haben musste, auch wenn Mama immer meinte, ich wäre für so etwas noch viel zu jung.

Die ganz große Überraschung des Abends war jedoch der Bassist. Da Peter Falkenberg alias Klaus Barumeit sich in Polizeigewahrsam befand, musste seine Position neu besetzt werden. Und dort am Bass stand nun kein anderer als – Ralph Peterson!

Wir staunten nicht schlecht. Jetzt war klar, wo er die ganze Zeit gesteckt hatte: bei den Proben! Unsere Eltern wussten Bescheid und erzählten uns in der Pause, dass Ralph viele Jahre in einer Band gespielt hatte, bevor er aus beruflichen Gründen die Zeit nicht mehr aufbringen konnte. Jedenfalls hat er ihnen das wohl so erzählt. Ich vermutete ja eher, dass er die Zeit lieber seiner Freundin gewidmet hatte. Wir waren jedenfalls begeistert. Von seiner Zerstreutheit war Ralph auf der Bühne nicht das Geringste anzumerken. Er schien ganz und gar in der Musik aufzugehen und zum ersten Mal sah ich ein glückliches Lächeln auf seinem Gesicht.

Am Ende der Vorstellung tobte das Publikum. Die Leute klatschten rhythmisch im Stehen und verlangten eine Zugabe nach der andern. Gilberto Tango strahlte vor Glück.

Als wir am nächsten Tag im Hamburger Hafen einliefen, war der Himmel grau. So wurden wir gleich mit dem Holzhammer darauf hingewiesen, dass der aufregende Urlaub nun zu Ende war.
An Bord herrschte ein fürchterliches Getümmel – das ganze Schiff schien vor Geschäftigkeit zu brummen. Als wir alles gepackt hatten, gingen wir an Deck, um beim Anlegemanöver zuzusehen.
"Schau mal", sagte Leon und stieß mir mit dem Ellbogen in die Rippen.

Tante Mary stand Arm in Arm mit Gilberto Tango an der Reling. Da hatten sich offenbar zwei gesucht und gefunden.
"Tja, Kinder, auf dieser Reise war ja ganz schön was los. Ich hoffe, wir sehen uns alle mal wieder." Ich war immer noch fasziniert, dass Gilberto nicht nur Englisch, Spanisch und Hessisch, sondern offenbar auch einwandfreies Hochdeutsch sprechen konnte. Dann wandte er sich an Lucy: "I'll see you again next month. Your aunt has invited me to visit her in Plymouth." Dann drehte er sich mit einer bedauernden Verbeugung in Richtung von Mrs Vanderbilt und Frau von Feldmann-Marquardstein: "Sorry, ladies!"
Lucy grinste nur. Nun würde sie womöglich noch einen total abgefahrenen Großonkel bekommen. Dann umarmte sie mich und Leon und wir verabschiedeten uns. Mir wurde ganz anders, weil ich mir gar nicht vorstellen konnte, sie morgen und übermorgen und überübermorgen nicht mehr zu sehen.
"Alina and Leon, it was great to meet you", sagte sie. "Without you the cruise wouldn't have been **half as** exciting! I hope we'll meet again soon. Don't forget to write me, anyway – here's my e-mail address."
Wir tauschten unsere E-Mail-Adressen aus und ver-

half as halb so

sprachen uns gegenseitig, mindestens jede Woche zu schreiben und uns in den nächsten Ferien zu besuchen. Und dann mussten wir leider los, weil unsere Eltern schon ungeduldig im Taxi warteten, das uns nach Hause bringen sollte.

Gerade als ich ins Taxi steigen wollte, kam Piet angelaufen. Er war völlig außer Atem. Mich durchfuhr ein freudiger Schreck. Ich war schon ganz enttäuscht gewesen, dass ich ihn beim Anlegen nirgendwo entdecken konnte.

"Alina, wait! Don't forget to say goodbye!"

Dann drückte er mir einen Kuss auf die Wange und ich wurde bestimmt mindestens so rot wie seine Haare. Klar, dass auch wir Adressen tauschten. Da er vom Personal war, hatte er länger an Bord bleiben müssen. Auch jetzt musste er gleich wieder zurück.

Noch eine kurze Umarmung, und schon saß ich im Taxi. Ein letztes Winken, dann bog der Wagen um die Ecke und alle, mit denen wir diese aufregende Kreuzfahrt verbracht hatten, entschwanden endgültig aus unserem Blickfeld.

"Könnten Sie bitte mal an dem Kiosk dort halten?", rief Leon dem Taxifahrer zu, kaum dass wir ein paar hundert Meter zurückgelegt hatten.

"Weshalb denn das?", fragte Mama entgeistert.

"Dort kaufen wir dir ein Rätselheft und dann gewinnst du für uns eine Weltreise für die Weihnachtsferien!"